わたしのごほうび時間

大人のゆったり旅

柳沢小実

大和書房

はじめに

旅をしていると、一期一会のありがたみを嚙みしめたり、生きていると実感したりする瞬間に出合います。肩書きやバックグラウンドを抜きにして、一個人として世界と対峙する。心もとなささえ、かけがえのないものです。

毎年1~2か月間ほど海外を旅していて、2020年には旅の本を出版する準備をしていました。ところが、予想外の家ごもりを余儀なくされて、あっという間に3年が経過。行動様式や価値観はもちろんのこと、旅に求めることやすごし方も大きく変わったため、すべてを白紙に戻してゼロから書き直しました。

そして今は、もどかしかった時を取り戻すかのように、国内外の様々な場所を訪れています。だいぶ怖がりになったけれど、やっぱり旅をするのは楽しいし、知らなかった自分を発見できる。瞬発力や対応力に頼っていたのを、物事と向き合う姿勢の変化に合わせてゆったりした旅にシフトしたら、これまで以上に学びが多く、心も満たされる旅時間を持てるようになりました。

訪れるべき場所は世界中にまだまだある。さあ、そろそろ旅に出ましょうか。

point

Contents

hint

idea

Part 3
目的ごとの旅

Part 4
わたしの海外旅行

Part 5
旅のあとの楽しみ

わたしの旅スタイル

Part 1

大人のゆったり旅5か条

ラオス・バンビエン。気球から初日の出を見て、記憶に深く刻まれる旅になりました。

詰め込みすぎず、味わう

大人になって、だいぶ旅にも慣れて、「質より量」から、心が満たされる旅にシフトしつつあります。時間に追われないように、優先順位や強弱をつけてスケジューリングすると、ゆったり味わう時間と心の余裕ができる。だから、旅の中でおのずと目的を絞り込むようになりました。

そのように変化したのは、体力勝負の旅のスタイルが合わなくなったから。また、旅の経験が増えて、同じ場所を二回三回とくり返し訪れているのも大きな理由です。

「縁があれば、また来れる」。焦りそうになったら、自分にそう言い聞かせる。この瞬間をしっかりと心に焼きつけて、いまここにいる喜びを感じたいです。

point

1 急がない、欲張らない

むやみに詰め込むと、一つひとつの印象が薄れてしまう。候補は多くてもいいけれど、全部無理に回ろうとはしません。ただただのんびりすごすリゾートの良さがわかってきたのも最近のこと。

ラオス・ルアンパバーンは世界遺産のマウンテンリゾート。行ってよかった場所ベスト5に入ります。

point

2 計画を立てて、目的ある旅に

「気球に乗って初日の出を見る」。ラオス旅行の計画を立てた際に、大きな目的をひとつだけ決めました。目的があると有意義な旅になるし、逆算して時間やコースも決めやすいです。

3

point

ゆとりのある時間や曜日を選ぶ

ハイシーズンは、混みあうし値段も高い。だから、わずかにズラして混雑を回避します。連休前後の週末や、クリスマス後から年末にかけては狙い目。また、一～二日休みを足したりも。

タイで旧暦12月に行われるロイクラトン祭り。
祈りをこめて灯籠を流す。

情報が少ないウズベキスタンは、
本と現地の旅行会社にお世話になりました。

4

point

信頼する人の情報を頼りに

検索した情報は、様々な価値観によるものだから、当たり外れがある。信頼できる人の口コミに勝るものはなし。また、初めて行く街は、感覚の合う著者によるガイド本に身をゆだねて旅したりも。

point

5

食事はしっかりリサーチ

詰め込まない分、食事はしっかり調べて、満足感につなげます。観光客向けより、地元の人が普段から利用する活気ある店へ。Googleマップの口コミも参考に。

ソウルの市場でごはん

野菜のうまみが凝縮した
ウズベキスタンの料理

台湾・高雄の焼肉飯

ホーチミンの「Phở Hòa Pasteur」で
牛肉のフォー

ゆったり旅の相棒

暮らしの愛用品を旅にも持っていく

ゆったり旅の相棒は、わざわざ用意せず、普段から使っているものばかり。使い慣れていると勝手がわかっているから、非日常の環境下でも安心感があります。それもあって、どんなものでも「旅に持っていけるか」という視点込みで選ぶのが、もはや習慣となっています。

軽快でいたいものの、バックパッカーのような質実剛健なミニマムさは今は求めていません。自分らしくいることや、日常の延長に旅があるという感覚をより重視しています。

街歩き用バッグは、両手があくリュックかショルダーで、コーディネートのポイントになるものを。本体の重さ500g前後だと、荷物を入れても身体の負担にならず

気持ちが安らぐ香りもの。「product」のドライシャンプーは汗が気になるときにシュッ。

理想的です。
ビューティ系は、香りがいい・使い心地が好き・複数の用途を兼ねるなど、優先順位をつけて持っていっています。気持ちが上向く日用品と、ガジェットはカメラを一、二台持参します。
交通手段や日数や旅の目的によって、ここから選択。車の場合は多め、一泊の電車旅では少なめという傾向があります。

相棒選びの3か条

① 軽くてタフな素材
旅はバタバタしがちなので、取り回しがラクで、汚れたり壊れたりしにくいものを選びます。

② 自分の行動様式に合う
行動のパターンにそぐうものを、的確に持っていく。自分にとって必要ならば、それが必需品だから。

③ 好ましい色や質感、香り
特に香りは気持ちを落ち着かせる作用があります。旅だからと妥協せず、お守りのようにひそませて。

a ポータブル防水スピーカー／SONY　旅先の部屋やバスルーム、キャンプで使うには防水タイプが断然いい。b ピローカバー／DRESS HERSELF　すべすべなシルクのカバーが健やかな眠りへといざなってくれる。c 旅ノート　d ドリップパック　お気に入りを持参するのもいいし、旅先で調達するのも楽しみのひとつ。e メガネ　コンタクトレンズとは別にメガネも。軽量な無印良品のケースに入れています。f 航空安全守／京都上賀茂神社　実は飛行機が怖いので、このお守りをスーツケースに忍ばせています。g 茶道具セット／福岡・万《よろず》茶器があると、旅先でも美味しくお茶が飲める。綿を挟んだ厚手の布に包んで、バニティポーチに入れます。h リネンのハンカチ／和光　すぐ乾く薄手のリネンハンカチは、毎晩手洗いして使いまわせる。

a ブックマーク／KARMAKAMET　現地に住む友人にいただいた、タイの有名アロマブランドのブックマーク。ざくろがほのかに香ります。b グローサリーバッグ／GRANITE GEAR　食料品の買い出しもどんとこい。小さくたたむと手のひらサイズに。c 折りたたみ傘　ドラッグストアで購入した折りたたみ傘。コンパクトで軽量、手頃なお値段も◎。d 水筒　よく歩くので、いつでも水分補給できる水筒は必須。保温保冷できるものか、軽量なKINTOのウォーターボトルを使っています。e ハンドジェル／Aesop　旅の間は、いい香りのアルコールジェルでリラックス。f ショルダーストラップ　頻繁にスマホを見るので、斜めがけ。なくす心配もありません。g カメラVLOGCAM ZV-1／SONY　動画も写真もキレイに撮れる。とっておきの瞬間を残したい人へ。

ゆったり旅の服装

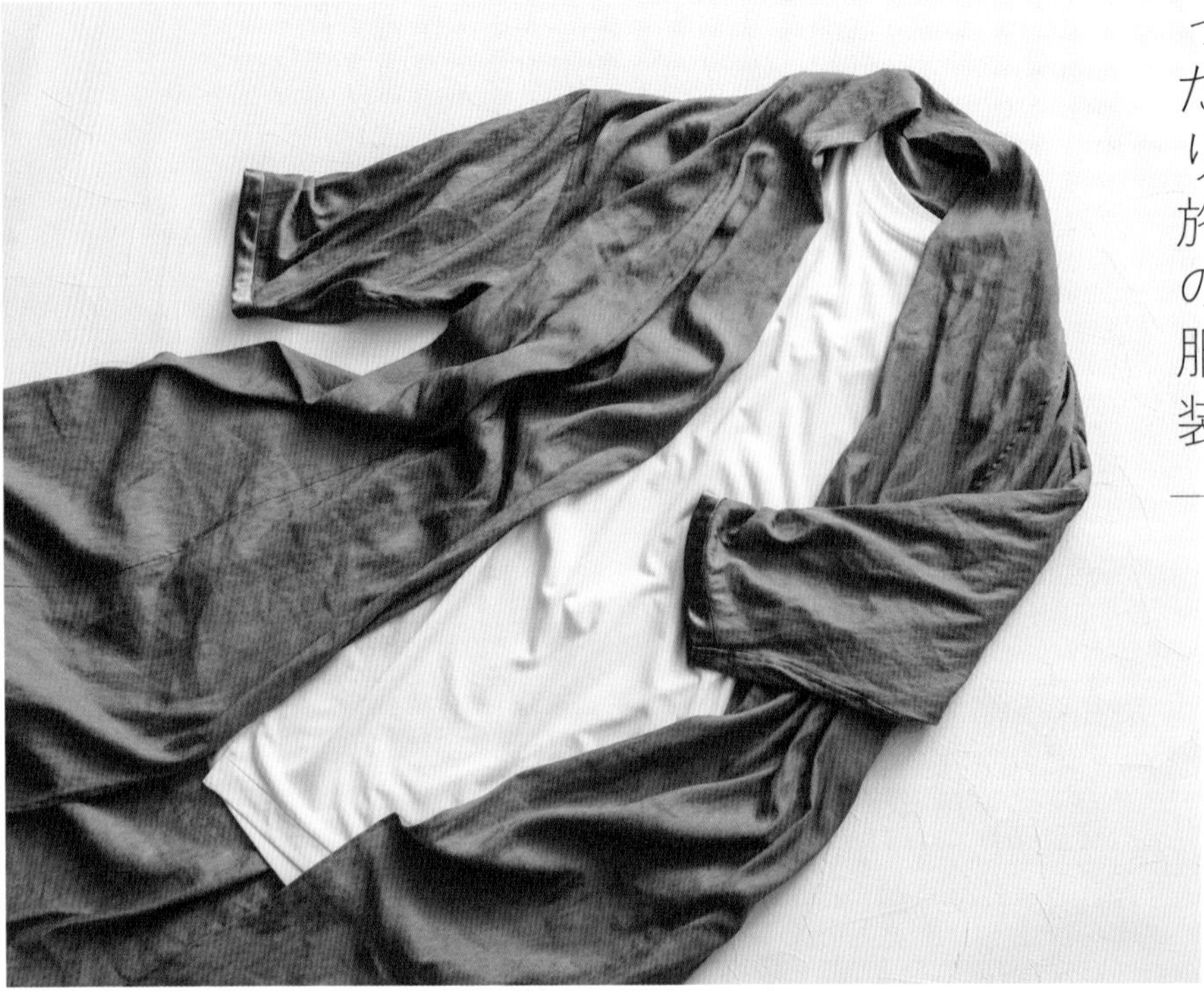

カーディガンより断然かさばらないLe pivotのローブ。

好きな服を着て旅をしよう

荷物は少なく軽くしたいけれど、合理性一辺倒なのはもう気分じゃない。心地よい旅のために、まず服の選び方を変えました。

自然の中では動きやすくてあっさりした服装にしますが、素敵なカフェや美術館へ行くときは、いつもと変わらぬ服で。多少荷物が増えても、好きな服を着ていくと、断然気分が上がります。

旅向けのワードローブは、洗ってすぐに乾くシルクや薄手のコットン、ドライ素材で、アウトドアブランドも積極的に取り入れます。基本的に、旅を念頭に置いたもの選びをしているので、いいなと思ったら必ず素材を確認して、旅でも便利に使えそうならば優先的に購入します。

シンプルなコーディネートは、こなれ感

monshiroやpetite robe noireのアクセサリーを持っていく。

があってかさばらないアウターが決め手になる。縦長のラインを作ってくれるローブやポンチョなど、薄手で軽量で小さくたためるアウターを愛用しています。
　また、旅先でアクセサリーを身につけていて、お洒落で旅慣れているように見えると言われたことがあるので、ネックレスやピアスなど、失くしにくくて高価でないものを、いくつかつけています。

相棒選びの3か条

① 着心地のよさが大前提
着心地がよく動きやすく、かさばらない服が旅には最適。温度変化に対応できるコーディネートを。

② 速乾・防臭素材は◎
旅の同行者とは距離が近く、長時間一緒に行動するので、速乾・防臭効果のある素材はありがたい。

③ 小物は多めに
アクセサリーや時計、帽子やスカーフなどコーディネートのアクセントになる小物類は多めに持参。

b

a

c

a 上：サンダル／BIRKENSTOCK　車や飛行機、ホテルでスリッパ代わりに使用。特に海外のホテルはスリッパがないこともあるので必需品。下：スリッポン／que　合皮でゴム底、靴擦れ知らず。軽いので旅先で履き替えるもう一足としてバッグに入れても。　b タグアンポンチョ／THE NORTH FACE　雨風対策はもちろん、軽いはおりものとしても大活躍。ふわっとしたシルエットで、インナーダウンに重ねたり、リュックの上からも着られる。嬉しいパッカブル。　c 右：パジャマ／ZARA HOME　パジャマはワンマイルウェアにもなるものだと一石二鳥です。左：下着／ユニクロ かさばらないドライ素材の下着が私の最適解。

a カシミヤブレンドストール／ユニクロ　柔らかくて適度な厚さ。　b サンデーパンツ／VOIRY　ポリエステル素材のユニセックスパンツ。とにかくラク！　c エアリフト／Nike　足と一体化して、どこまでも歩けるシューズ。　d デオドラント うずまいて血行を促すソックス／オカモト 機内や車内で履くとむくみ防止に。ハイソックス型がいい。　e スコーミッシュフーディ／ARC'TERYX　薄くてコンパクトになる、風よけアウター。カーディガンを持っていく代わりに。天気や気温が読めないときも入れておきます。　f ウールインナー／無印良品 防臭効果のあるウールインナー。白は下着が透けるので黒を愛用。写真は紳士用のTシャツ型。　g ハット／THE NORTH FACE　ポリエステル100％で小さくたためます。服を選ばず汎用性あり。

旅ノートについて

旅の情報を一冊にまとめる

Ａ５サイズのノートを旅ごとに一冊ずつ用意して、旅ノートを作成しています。スケジュールとウィッシュリスト、持ち物リストや買いたいもののリストなど、情報をすべて書き込んで、まるで旅のしおり兼自分専用の最強ガイドブック。

いまはスマホが一台あれば手軽に旅できる時代ですが、電波や電源などに左右される場合もあるため、必ずこうやって紙でも情報を持ち歩いています。

旅ノートを用意するタイミングは、移動手段や宿の手配をする頃。表紙に行き先と日程を書き込んで、続いてウィッシュリストや持ち物リストも。食事やお土産の情報も別ページにどんどん書き込みます。私はイラストを描くセンスが皆無なので、シールをたくさん貼ってにぎやかにしています。

１日１～２見開きずつページを設けて、その日やりたいことも書いておく。乗り物の時間には、マーカーをひいたりフイルム付箋を貼って目立つように。駅や空港でやることも書き添えておくと、バタバタしても安心です。

そして、プリントアウトしたバウチャーなどと共に、ノートをフォルダーに挟んでおく。フォルダーは紙の枚数によって、２種類を使い分けています。

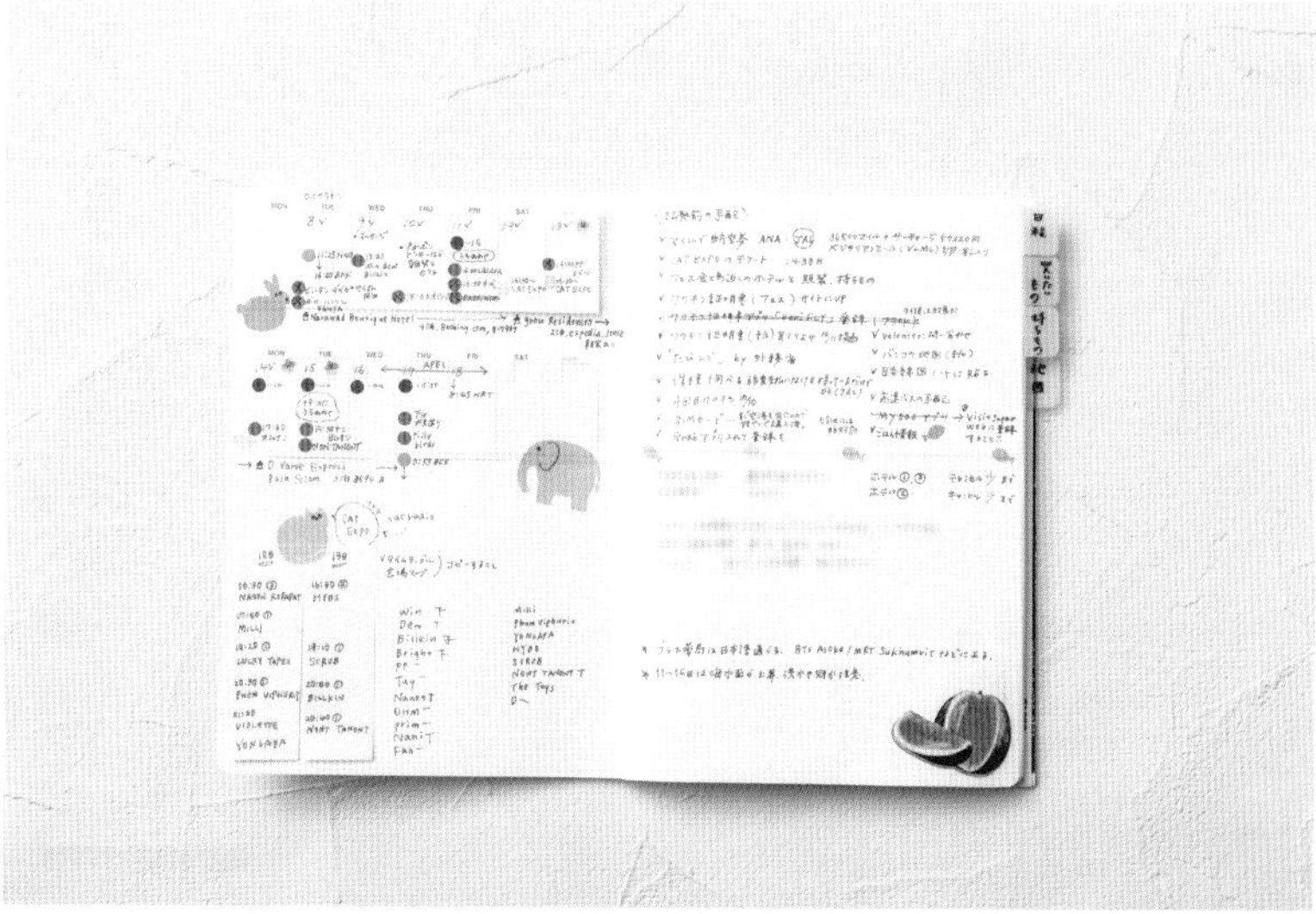

最初のページには、日程と出発前の手配リストを書き入れます。また、手配したサイトのログインIDやパスワード、キャンセル期限、万一の際の連絡先や病院の情報などもここにメモしておくと、もしものときに安心。困ったらこのページだけ見ればいいように、1か所にまとめます。

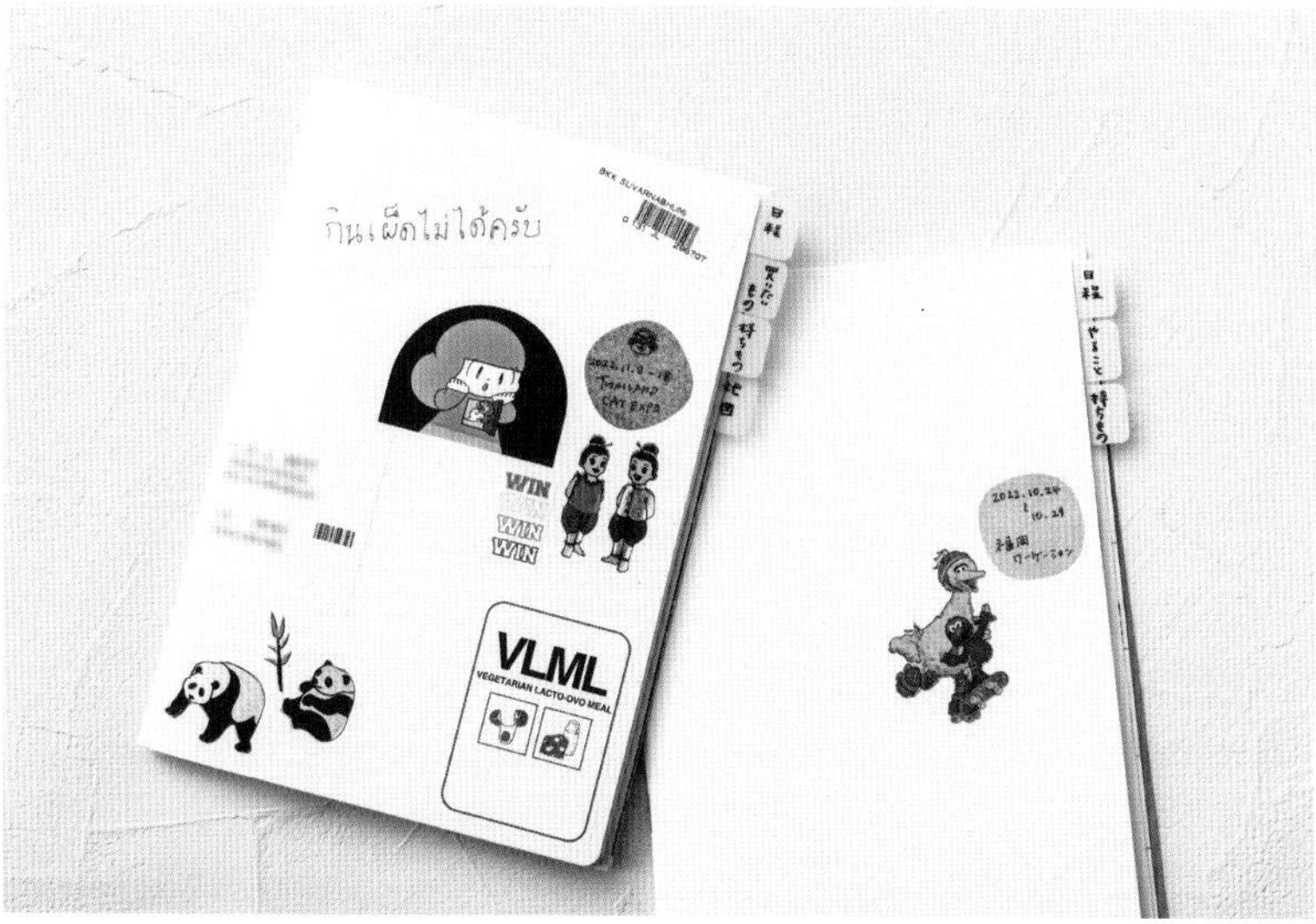

表紙にはラベルシールを貼って、まずタイトルを書き込む。そしてまわりにシールをぺたぺた。スーツケースに貼られたものや、機内食のスペシャルミールのシール、旅先で買ったりもらったりしたものもその都度ペタッ。そして見出しのラベルもつけておくと、検索性が格段に向上します。

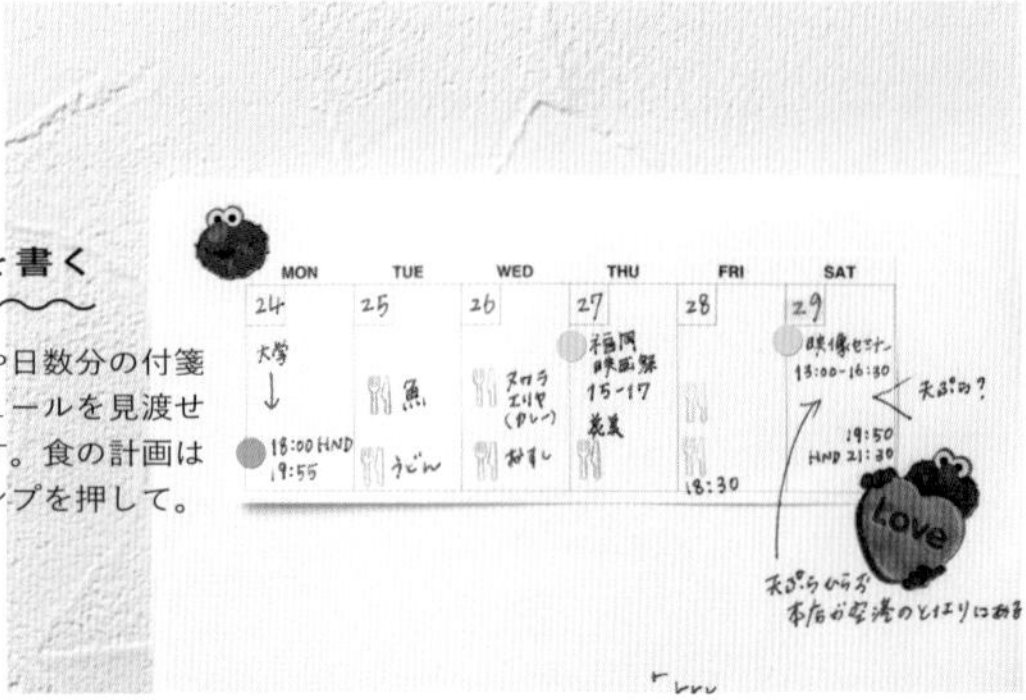

1 スケジュールを書く

ウィークリー付箋や日数分の付箋を貼って、スケジュールを見渡せるページを作ります。食の計画は食事マークのスタンプを押して。

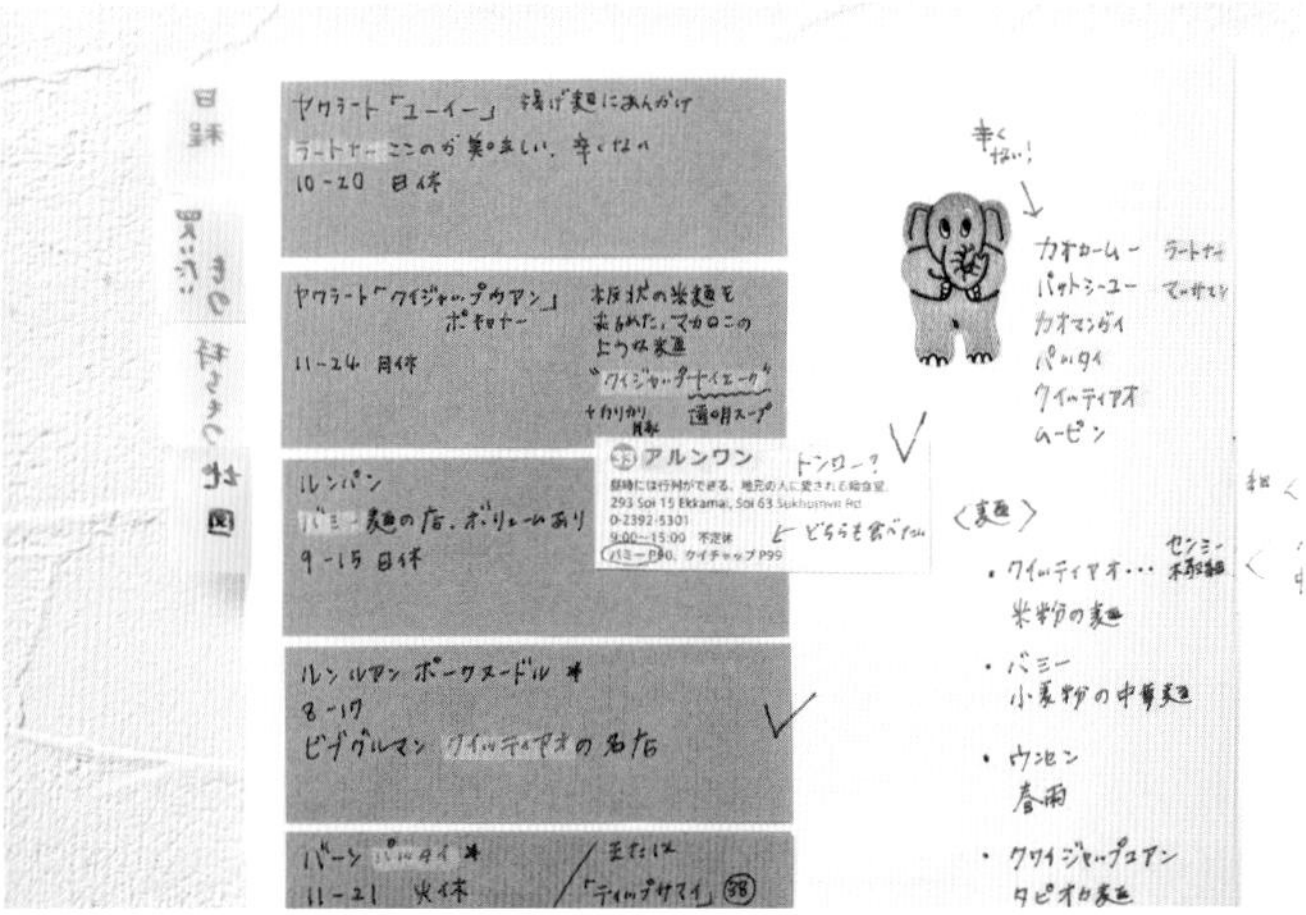

2 ウィッシュリストをつくる

やりたいことや行きたい場所、気になるごはんの店情報はたっぷり書いておく。「この料理はこの店」という調べ方をしています。

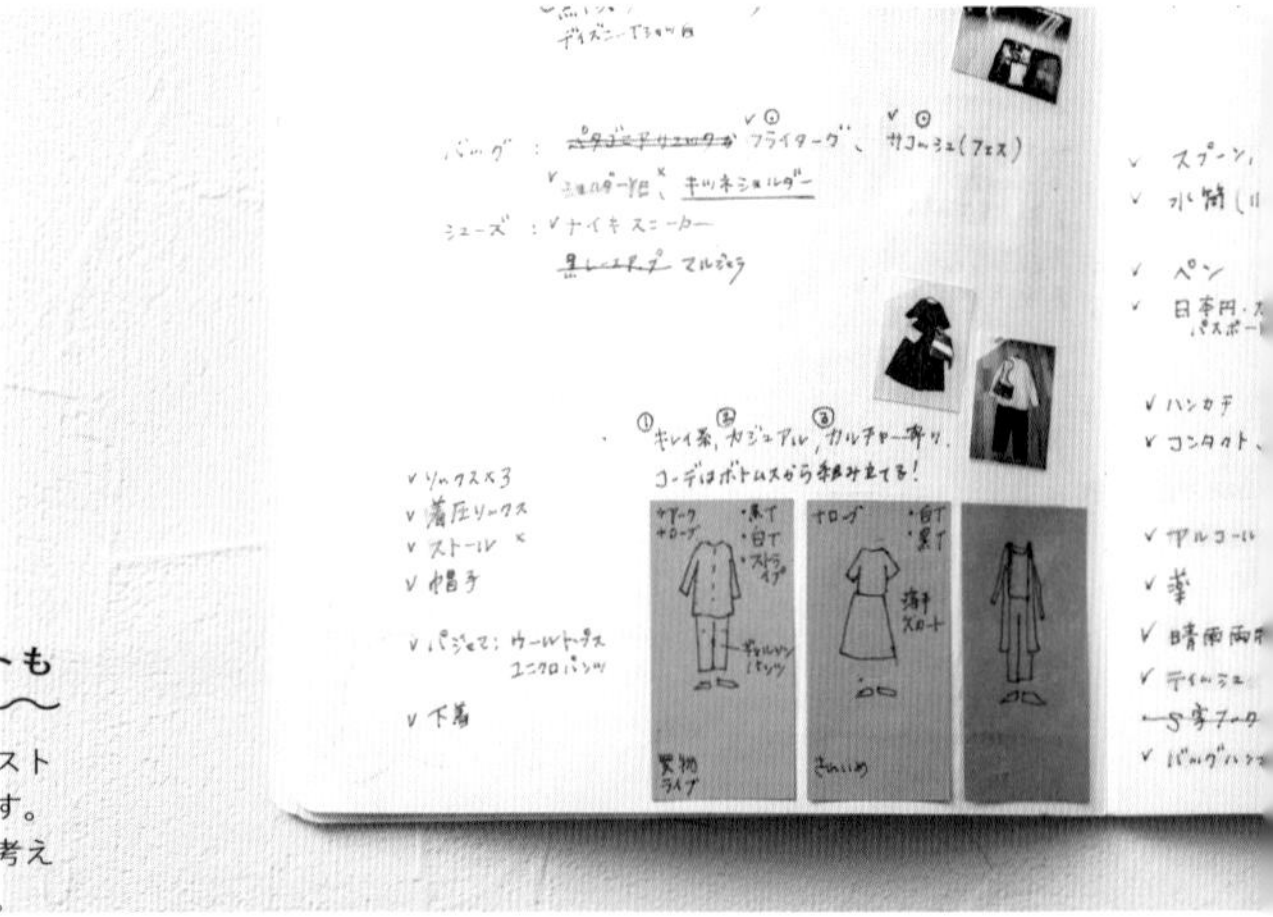

3 持ち物とコーディネートも

洋服とそれ以外の持ち物もリストにすると忘れ物がなくなります。コーディネートもあらかじめ考えて書いておくと、困りません。

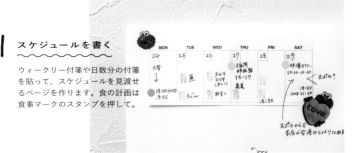

idea 1

シールやスタンプを活用

文字情報だけでは味気ないので、シールやスタンプで彩って。消せるフリクションスタンプと、100円のラベルシールが大活躍。

idea 2

ファイルに紙類をまとめる

バウチャー類が多い海外旅はリヒトラブ「キャリングポケット」(A5)。国内旅は、スリムなパイロット「持ち歩きフォルダーS A5」。

idea 3

消せるペンで書く

書き直すことも多いので、フリクションを愛用。ノートづくりは相性のいいペン選びから。ノートは無印良品の5㎜方眼などA5で統一。

情報のまとめかた＆選びかた

【 地図にまとめる 】

効率よく動くためには位置関係の把握が必須なので、旅ごとにマップを作成しています。Googleのマイマップ機能は、宿・食事・お土産などジャンル別にピンを色分けできて見やすい。ただしマイマップからは店情報に飛べず、場所名で再度検索することになるため、旅先では少々使いにくいというデメリットも。
対して、Googleマップのリスト機能は、検索して特定のリストに保存するだけ。色分けできませんが、時間をかけずに情報をまとめるなら、これが便利。店情報に飛びやすく、現在地からのルート検索もすぐでき、旅での使い勝手も抜群。どちらもオンラインでシェア可能です。

【 Instagram を活用 】

お土産や現地のカフェなどは、Instagramのタグで探すことが多いです。たくさんの画像から、目で見て直感で選べる。感覚が近そうな人の投稿をコメントつきで見られるため、外れる確率が低めです。情報は街ごとに分けて保存して、旅の前にざっと確認しています。

【 宿の選びかた 】

宿を選ぶ際は、ホテル名に入っている地名と実際の最寄り駅が異なる場合も多いため、旅行サイトの地図検索画面で必ず場所を確認。あとから変更できるように、キャンセル可のプランで予約します。また、ひとつのサイト（Booking.com）を利用し、割引やポイントを狙います。

【 食事の選びかた 】

当てがない場合は、Googleマップの評価とコメントを判断の指針にします。二桁以上のコメントがあれば、参考にできる。良い・悪いコメントの両方に目を通し、味や店の雰囲気、サービスについて確認。もちろん、現地で混んでいる店に飛び込むのが一番外れません。

【 バウチャーの収納 】

交通と宿泊のバウチャーはA4サイズの紙にプリントアウトし、半分に折ってノートかファイルに挟みます。枚数が少なければ、三〜四つ折りにしてトラベル用財布に入れても。やたらと長いバウチャーは、１枚あたり２ページ印刷にすると、持ち歩く紙の枚数を減らせます。

旅を自分らしくする

マレーシア・クアラルンプールのKLCCパーク。暑いので朝晩しか走れません。

朝の空気を感じて

旅ではもっぱら朝型。早起きは三文の徳とばかりに、早朝から起き出して、ホテルの周辺を散歩したり、朝市を覗いたりしています。

そういえば、友人知人からも、旅先での朝ランが楽しみのひとつになったという話をよく聞くようになり、朝活人口の増加を肌で感じています。

朝は空気がすがすがしく、治安面でも夜より危なくないので、旅だけでなく出張の際も、パトロールがてら散歩をしています。写真を撮るにしても、人が少ない時間帯のほうが人気の場所でも落ち着いて撮れて、良いことづくめです。

朝早くから開いているお寺や、日中混みあう観光地なども、朝のうちに散歩がてら行っておくと、時間を有効に使えます。

稲取《いなとり》・港の朝市のザーサイ浅漬けと
干物が美味

ウズベキスタン・タシケントの市場

持ち帰りやすい果物は
お土産の定番

四国&関西
ドライブ旅の戦利品

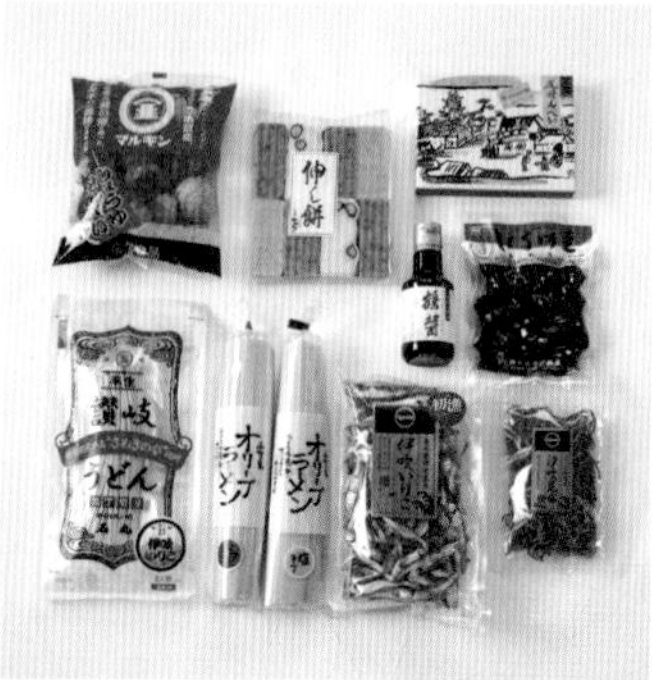

山盛りのピクルス

旅の醍醐味は、その土地ならではの新鮮な食材をいただけること。もちろんお土産もたんまり買い込んでいます。朝市や直売所、市場や地元のスーパーなど、あらゆるところへ立ち寄って、食材を探す。私の旅はほぼ買い出しと言っていいかもしれません。このために、保冷バッグやジップ袋もちゃんと用意します。

台湾の友達と排骨湯とキャベツごはんを食べに
（台北・龍山寺、梧州街46巷「原汁排骨湯」）

ベトナム・ホーチミンで
本場のバインミー

大阪市鶴見区の日曜中国朝市へ

長崎の老舗喫茶店「珈琲 冨士男」の
フルーツサンド

朝食に定評のある宿でなければ、移動日や予定が詰まっているとき以外は朝から外に食べに出ることもしばしば。ただし、三食全力で食べると胃腸が疲れることもあるので、喫茶店でゆっくりブランチにしたりも。朝食をとりながら旅ノートを書いてその日の計画を立てるひとときが、なにより贅沢で好きなんです。

一泊でも、長期旅でも部屋をカスタマイズ

ホテルの部屋に入って真っ先にするのは、自分が使いやすいように室内を整えること。ゴミ箱の位置をちょうどいいところへ移動して、デスクの上に元々置かれている細々したものをひとまとめにして脇に寄せる。テーブルやソファを、部屋の隅にズラすこともあります。

旅ノートを書いたりするのにデスクは必ず使いますし、室内で飲んだり食べたりはもちろん、お土産をほどいて梱包し直したりもするので、ゴミ箱の使用頻度も高めです。だから自分がよく使う場所を中心に、使いやすいように少しだけカスタマイズしています。

そして電源の場所を確認し、どこで充電するかを考える、という流れです。

エコバッグやTシャツが取り入れやすい

旅先で、持ってきた服がなんとなく気分じゃない。そんなときはTシャツやエコバッグを買い足して、すぐに着替える。

上の写真はタイ・ラオス旅で手に入れたもので、アクセサリーとワンピースも購入。買い物の多くを旅先でしているためにいつもこんな感じで、服や小物などを身につけて、その街のムードに寄せています。

音楽フェスで、バンドTシャツを。大学のオリジナルトートバッグや、ラジオ局のロゴが入ったエコバッグ、ラオスの手仕事が美しい見た目より頑丈な編み編みバッグ。無印良品の刺繍サービスでは、ハンカチにタイ限定のトムヤムクン柄を入れました。すべて、帰国後も大活躍しています。

スケジュールの組みかた

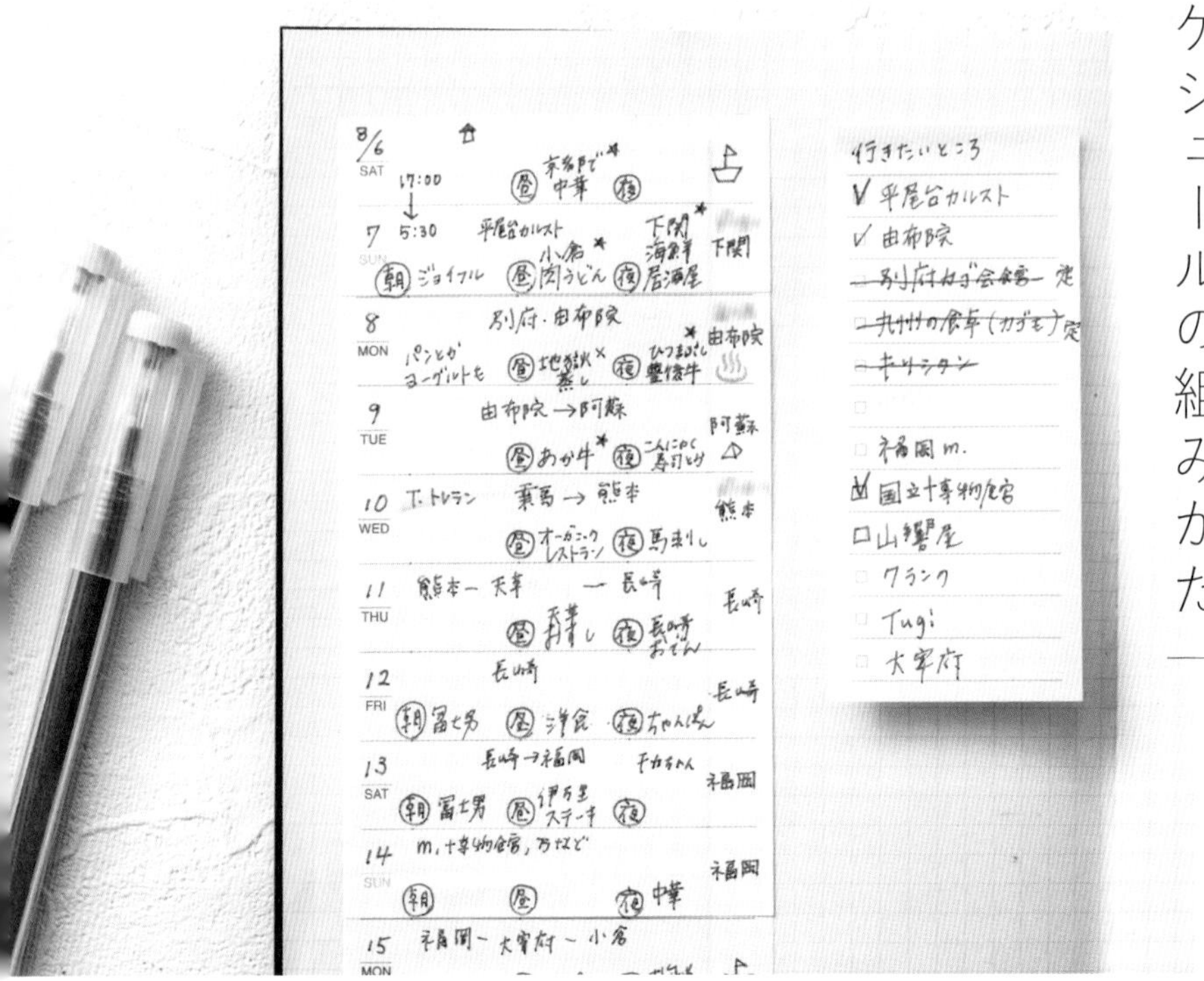

まず、現地のイベントごとと重なっていないか確認を

旅のスケジュールの組みかたは、日程から。お祭りや大きな行事、祝日などが重なっていないかをまず調べます。

あるとき、大規模な国際会議の開催に伴いホテル周辺が交通規制されて大渋滞になりました。それは、前日にホテルを移って、電車での移動にしたので無事回避。また、人気アーティストのコンサートも、駅の混雑やホテルの値上がりにつながります。

日程の次は、旅のテーマを1つ決めて、①観光、②食事とお茶、③お土産を三本柱に調査開始。私は趣のある喫茶店に立ち寄ったり、セレクトの良い書店に行くのがなによりの楽しみなので、それぞれ＋30分くらいの時間配分で計画を立てています。

スケジュールを組むポイント

【 イベントの開催 】

イベントごとと重なるとホテル代は大幅に高騰し、交通や街も大混雑。避けたほうが無難です。スウェーデンの離島で「中世祭り」のためホテルが満室で、半泣きで一人キャンプしたことも。

【 メインを決める 】

メインテーマを決めるとさらに有意義に。「キリシタン教会を巡る」五島列島の旅や、「美しいモスクと手工芸」を追ってウズベキスタンへ。「牛タンを食べる」ために仙台へも行きました。

【 時間の使い方 】

大人のゆったり旅は余裕が大事。スケジュールを朝から晩までぎっしり入れたりしません。１～２時間の空白を作っておいて、気に入ったところに長く留まれるようにしています。

【 リサーチ法 】

観光・食事・お土産が私の旅の三本柱なので、それらを中心にリサーチ。Instagramで観光客の投稿も見ますが、そこに住むお洒落な方が行っているところを巡るのが理想です。

【 祝日を調べる 】

海外へ行く際は、祝日と重なっていないかも必ず確認しています。なぜなら、祝日だとお店が軒並み休業していたり、帰省や旅行の人と被ったりするから。また、飛行機の価格も高騰します。

【 満足度 】

量より質の旅では、食事やおやつが満足感に直結します。名物料理よりは地場の食材狙いで、地元の人に人気の居酒屋などにも行きます。旅の間に１～２回、ランチで贅沢するのも◎。

Column 1

国内の友人や家族へ手土産をチョイスする基準は、味・希少性・パッケージデザイン（袋入りより箱や缶入りが見栄えします）・持ち運びのしやすさ・賞味期限。全国のデパートでも購入できないものを選んで。

“いつもの定番”リストを

国内の友人知人への手土産は、常温保存可で重くなく、賞味期限が２週間ほどあると完璧。全国展開をしていない、地元の銘菓的なものを持参します。東京・幡ヶ谷の焼き菓子店「Sunday Bake Shop」のクッキー（写真左）は、年齢や性別を問わず喜ばれる品。スノーボールクッキーとショートブレッドをセットでどうぞ。そして、東京・尾山台「AU BON VIEUX TEMPS《オーボンヴュータン》」のレモンが香るパウンドケーキ〈ウィークエンド〉のように切り分けるものは、人数がわからない・または多い場合でも安心です。海外の方への手土産は、好みが分かれる甘いものより、しょっぱい系が好評みたい。日本のパッケージデザインは完成度が高いため、取っておきたくなるような箱や缶入りのものを選びます。せんべい〈ゆかり〉でおなじみの、愛知県の老舗「坂角総本舗」の小ぶりなせんべい〈さくさく日記【海老】〉（写真右）や、「銀座菊廼舎」の〈冨貴寄〉をお渡しすることが多いですね。

Part 2

電車・飛行機・車 それぞれの旅スタイル

電車旅を楽しむために

高まる気持ちとともに電車は走る

電車は空間が広くて天井も高く、走るスピードも速すぎず遅すぎずでちょうどいい。また、渋滞がないから遅延知らずで、天候にも左右されにくいという強みがあります。ゆったりした電車移動は、車窓を眺めつつ読書や食事、飲酒ができるのも、情緒があっていいですよね。

特急電車などの席は、ドア近くは頻繁に開閉して冬は寒いこともあるから、ドアから三分の一くらいのところが定位置です。一人のときは、真ん中の列が埋まらないようにと願いながら、三列シートの通路側の席を予約します。

電車旅は駅に荷物を置くこともあるので、バッグはロッカーに入るサイズかどうかで選んでいます。

idea 1
駅弁をいただく

食いしん坊の友人は京都の料亭でお弁当を注文し、帰りの車内で食べるそう。私は崎陽軒、大阪の「とん蝶」(おこわ)、小淵沢駅の「元気甲斐」、富山の「ぶりかまめし」、大船駅の「鯵の押寿し」などをよく駅で購入しています。

idea 2
移動中に読書する

電車の中で本を読むのが一番好きかもしれません。沢山持っていっても全部読みきれないし、旅先でも本を購入したいので、持っていくのはたいてい文庫本を一冊。これならば、読まなくても許容範囲かなと。

idea 3
駅のロッカーを調べておく

最終日はお昼前後にチェックアウトして、夕方〜夜の電車に乗る。一日中大荷物を持ち歩きたくないので、駅のロッカーに荷物を置いています。なので、ロッカーのサイズや数を調べて、そこに入るバッグを持っていきます。

京都旅は、観光が3割と食事3割に買い物4割

京都へは、何度だって訪れたい。多分、旅行回数は国内外合わせて京都が最多です（日数では台湾が突出）。お店の入れ替わりは緩やかなのに、季節によって表情が一変して、新たな魅力が泉のようにこんこんと湧き出てくる。これほどまでに強く惹きつけられる場所は、世界広しとはいえなかなかありません。

京都旅は観光3割、食事3割、買い物4割くらいの配分でスケジュールを組みます。世界中から多くの人が訪れる人気の観光地のため、大混雑が予想される桜の季節や、祇園祭などは外しています。

5月の下鴨神社では、まばゆい新緑の中で葵祭の流鏑馬《やぶさめ》神事が行われていて、なにもかもが夢のように美しかったです。

「グリル生研会館」で洋食ランチ

必ず立ち寄る「出町ふたば」

二泊三日の旅は、着いてすぐに「グリル生研会館」の洋食、観光して夜はラオス料理。二日目は朝早くにじっくりお寺を散歩して朝食にパンケーキをいただき、夜は着替えてロシア料理。三日目は散歩がてら朝食のパンを調達して、チェックアウト後に駅かホテルに荷物を預けて昼は日本一好きな広東料理店へ。神社を参拝して、道すがらお土産を買いまわるという旅程でした。

京都のお気に入り

FOOD
町中華、洋食、「イノダコーヒ」の朝ごはん。パンや和菓子、「鍵善良房」のくずきり、「末廣」の蒸し寿司も。

SPOT
「有次」や「鍛金工房 WESTSIDE 33」、「Kit」で暮らしの道具を。

ACTIVITY
寺社巡り。新緑や紅葉で季節を感じたり、御開帳や特別展、お祭りも楽しみにしています。

お寺は朝早くに参拝します。混みあう銀閣寺も朝８時半ならばほぼ貸し切り。歩いたり、写真を撮ったり、好きなだけいられました。

混みあう連休は、地元の人に愛されているお店へ。「YuLaLa」のラオス料理に感激して、その年の年末にラオスへ飛びました。

「松之助」のパンケーキは幸せの味。行列必至なので、こちらも午前中に行きます。パンケーキの朝食、最高。アップルパイも絶品です。

祇園四条駅にほど近い、ウクライナ＆ロシア料理店「キエフ」でディナー。落ち着いた客層で心地よく、夏は屋上でビアガーデンも。クリスマスに訪れた際も、アットホームな雰囲気のおかげで、素敵な夜をすごせました。陶器のチェブラーシカを記念に購入。

学問の神様、北野天満宮。菅原道真公をご祭神とする天満宮の総本宮です。梅や紅葉の美しさは格別、ぜひ有料エリアも訪れて。

毎月25日に開催の蚤の市、天神さんはいつも大賑わい。食べものの屋台や骨董品が並ぶ傍らで、年末にはしめ縄の屋台もありました。

四条大宮の「まるき製パン所」は、朝６時半から開いているので、朝の散歩がてら朝食を買いに行くのがいい。コッペパンサンドが大好き。

日本一好きな中華料理の店、「広東料理鳳泉」。軽やかなのに味わい深い、京都の町中華の名店です。カラシソバと酢豚を毎日食べたい。

電車旅のバッグ

軽量キャリーとショルダー

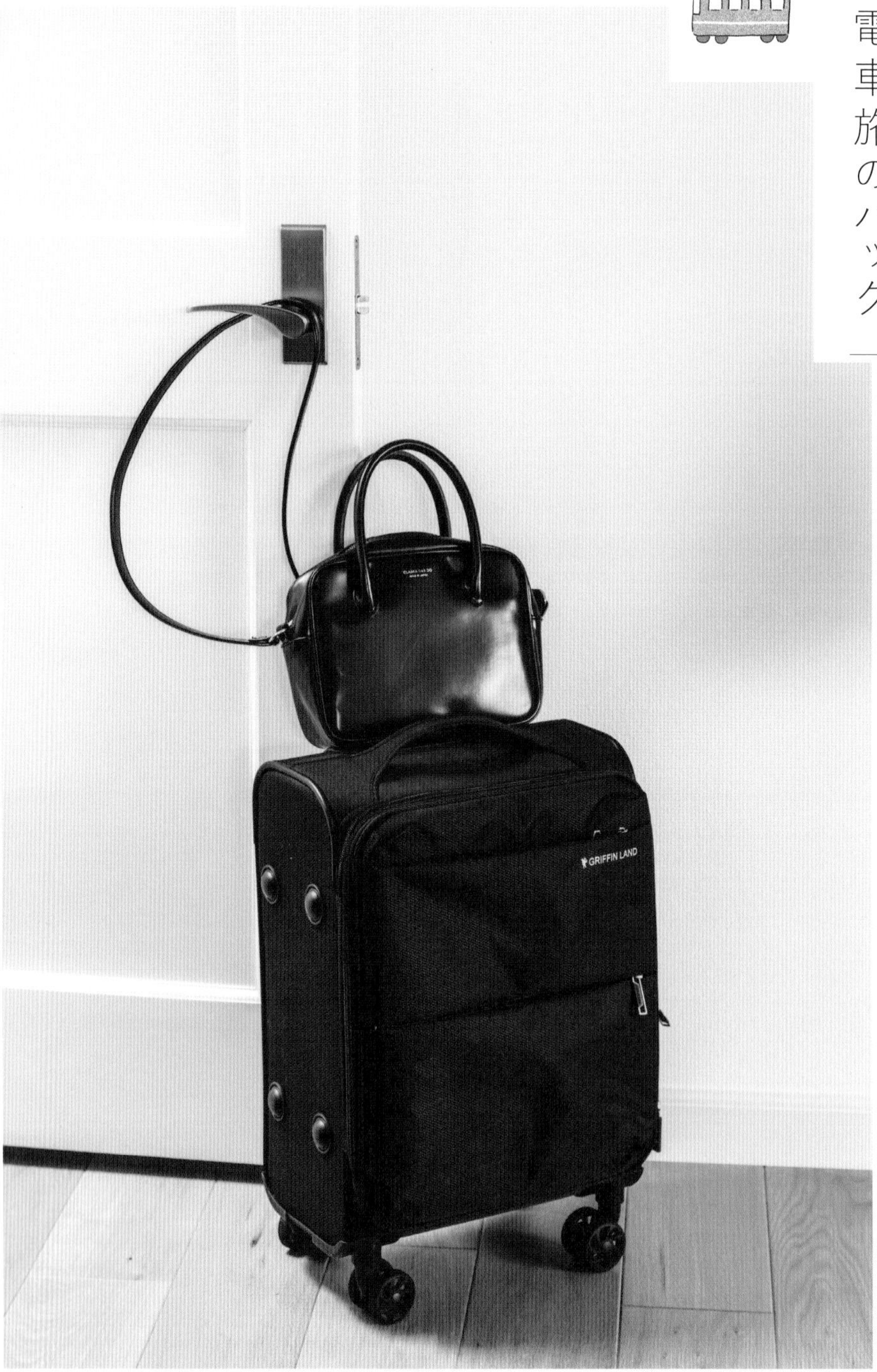

とにかく軽量で
ロッカーにも入るキャリーを

国内の電車旅では、階段しかない場面がままあります。こういうとき、荷物が重いと絶望的な気持ちに。そのため最近の電車旅ではソフトタイプの軽量キャリー（グリフィンランド、35×24×53センチ・2.1キロ・32〜35L）の出番が増えています。

駅のロッカーの大きさ（中サイズ／横幅35×高さ54×奥行64センチ）や、座席の足元に荷物を置くことを考慮すると、1〜3泊の旅では飛行機の機内持ち込みも可な、35L前後のキャリーが使いやすいです。

外側のポケットには、ガイドブックや充電器など、移動中に使うものを入れられて便利です。そして一室の箱＋蓋という構造なのでパッキングがしやすく、開けたときも両側に荷物が入っているスーツケースの、約半分しか場所を取りません。

ただし、軽量な四輪のキャリーはタイヤまわりが華奢で、道が悪い場所では少々心もとない。そして水に強くないので大雨の時はスーツケースの出番。そこは臨機応変に使い分けています。

街歩きバッグは、チャックで口を閉められるショルダーを選択。合皮素材で、多少雑にも扱えるタフさが旅向きです。

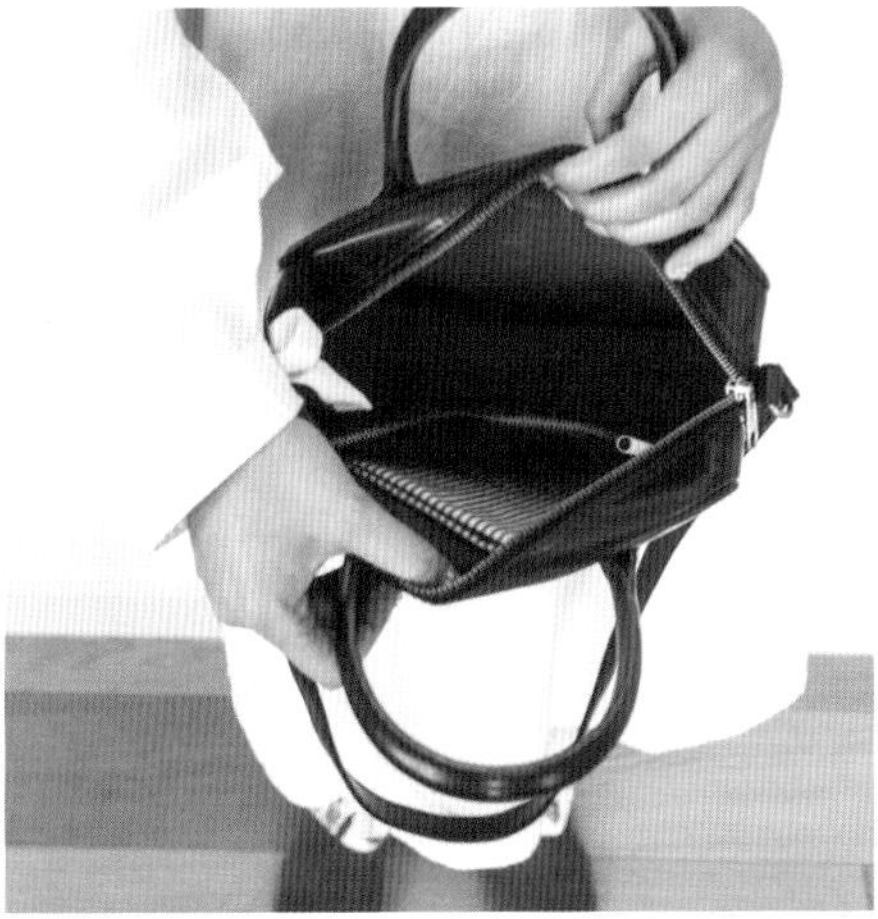

hint
仕切りがあると便利

CLASKA Gallery & Shop "DO"のショルダーは合皮で雨にも強い。３室に仕切られていて、貴重品やハンカチをさりげなく分けられる。小さめですが使うとわかる便利さ。

飛行機旅を楽しむために

遠距離でもひとっ飛び セールも利用して賢く移動

レガシーキャリアやLCC各社が航路や便数を増やしているおかげで、移動手段の選択肢も広がりました。遠方への移動が速く安くなったのは、利用者にとっても大変喜ばしいことです。

たとえば、国内最長距離路線の新千歳空港――那覇空港のフライトは最速3時間35分。これは新幹線だと東京を出て、岡山を過ぎたあたり。およそ4倍の移動距離です。

飛行機は強風や台風、大雪など、天候に左右されるリスクを差し引いても、やはり便利といえるでしょう。ウェブチェックインを済ませれば、出発の約一時間前に空港に着けばよく、また那覇や福岡、宮崎、松山のように街に近い空港であれば、着いてすぐに行動を開始できます。

4 ideas

idea 1
窓からの景色

窓側席最大の楽しみは、機上からの景色を眺めること。そしてできればその絶景を写真に残したい。JALのサイトでは便名などを入力して富士山側の席を、ANAのサイトでは左右側それぞれから見える島や景色を調べられます。

idea 2
映画を観る

国内線の機内では映画コンテンツの提供がなかったり、そもそも席にモニターがついていないことも。ですので、加入しているサブスクであらかじめ観たい映画をダウンロードしておきます。機上での映画鑑賞、好きなんです。

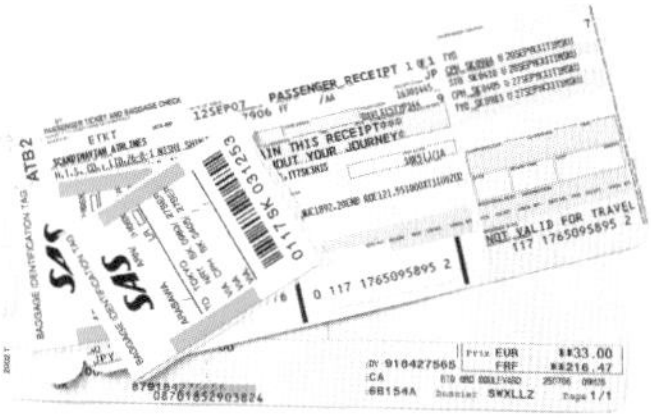

idea 3
LCCやセールも活用する

LCCやセールの値段は魅力的。もしLCCで荷物の重さが気になるなら、お土産は送ればいい。また、セールで安く行けるところに思いきって飛んでみるのも、予想外の楽しさがあります。マイルも積極的に貯めています。

idea 4
1日ズラすだけで半額になることも！　キャンペーン情報などはこまめにチェックを。

竹富島で水牛車に乗りました。

透明なブルーで
リセット＆チャージ

豊かな自然を求めて旅をする際は、アクティビティ6割、食事3割、お土産1割の配分で計画を立てます。

自然に身をゆだねて、アウトドア・アクティビティをあれこれ詰め込んで、子供のように無邪気に遊ぶ。シーカヤックで秘密のビーチへ上陸してキャンプをしたり、マングローブの林を見たり、シュノーケリングも魅力的です。

もちろんごはんも楽しみで、タコライスやステーキ、沖縄そば、素朴な天ぷらやアイスクリームは、毎回外せない。新規開拓をすればいいのに、同じお店にばかり行ってしまいます。

那覇周辺でもすでに魅力が満載ですが、中部や北部、そして近隣の離島へも足を延

陶芸家の友人に教えてもらった沖縄「山の茶屋 楽水」。

ばします。竹富島で水牛車に乗り、誰もいないさらさらとした白い砂浜に寝そべって昼寝をして、通りかかった地元の方にトラックの荷台に乗せてもらう。

頭と心をからっぽにして、美しいものだけ詰め込みたい。そのために、透き通るブルーの海を目指すのかもしれません。

沖縄のお気に入り

FOOD
アメリカの食がやはり美味しい。
ステーキと、宜野湾でタコス。

SPOT
読谷村の「北窯」と「大嶺工房」、
「鍵石」で作家もののうつわを。

ACTIVITY
南城市の「アトリエショップ
COCOCO」でシーサー作り体験。
センスがない私でも、いい感じに
完成しました。後で焼成して家に
送ってくれました。

台湾の友達と旅が重なったので、「アトリエ＋ショップCOCOCO」でシーサー作りに挑戦。

那覇の有名店「ステーキハウス88」へ。離島へ行くため、友達とはここでバイバイ。

次の日に石垣島へ飛び、日本百景の川平湾へ。透明度の高い海の美しさに圧倒されます。

石垣に来たら「辺銀食堂」へ行かねばならぬ。お土産に〈石垣島ラー油〉もお忘れなく。

さらさらとした白い砂と、抜けるような青空。よく見るとヤドカリがあちらこちらに。

石垣島で一番人気という居酒屋「ひとし」。名物のまぐろと石垣牛寿司に舌鼓。

石垣島から船で10分。周囲９㎞の隆起珊瑚礁の小島、竹富島へ。早速ビーチで乾杯！

夕日の絶景ポイント「西桟橋」。旅先のなんでもない時間が、ずっと心に残ることも。

昔ながらの赤瓦屋根の民家がある地域。石垣の上には、魔よけのシーサーがちょこんと。

水牛車に乗って島内観光。これぞのんびり旅。水牛も日差しを避けての休憩タイム。

レンタサイクルに乗って、「パーラー ぱいぬ島」へ。ビッグサイズのかき氷をぺろり。

ここは地上の楽園。エメラルドグリーンの海をぼんやり眺めているだけで心が洗われる。

飛行機旅のバッグ

スーツケースと両手があくリュック

スーツケースとリュックの最強コンビ

飛行機旅ではスーツケースを使うことが多いです。LCCは前出の軽量キャリー、重さを気にしなくていいときは、預け荷物の制限内に収まるリモワ大（86L）か、リモワ小（35L）を持っていきます。

hint

横ポケットに貴重品を

国内外の旅によく使っているフライターグのリュックは、前面に大きなポケットと、横に貴重品を入れられるポケットが。リュックを背負ったまま貴重品を出し入れできます。リュックは外ポケットの使いやすさで選んでいます。

所有しているスーツケースは大小2サイズだけで、荷物が多い・日数が長い・帰りの荷物が増えそうなときは、小さいものに無理に詰め込まず、あらかじめ大きなスーツケースにゆったりと。また家族旅行でも大きいスーツケースひとつに全員分の荷物をまとめています。

これまで、ソフトキャリーでも中身が壊れた経験はありませんが、旅先でうつわや瓶入りの調味料などの割れ物を買うことが多いため、ハードタイプのスーツケースを主に使っています。

すべての荷物を機内持ち込みにすると、到着後に荷物が出てくるのを待つ必要がなくなります。これは、夜着の便など、少しでも早く空港を出たいときに有効です。

街歩き用バッグは、①両手があく、②足元に置いても汚れが気にならないという二点を条件に、リュックかショルダー、トートから選んでいます。

車旅を楽しむために

時間やコースなど、自由度の高い旅を

天候に左右されず、好きな音楽をかけて、飲食や休憩をしながら自分たちのペースで移動できる。

また、車は離れた場所を数か所巡るのも朝飯前で、旅の自由度が上がります。前もってコースを決めず、気分と天気で動きたい人にとっても、車は最適な交通手段。これまで関西や九州の上半分、出雲、四国などを旅して、車旅は周遊旅に向いていると気づきました。

デメリットがあるとすれば、運転疲れと、コストがかかる点でしょうか。車を持ったり借りたり、ガソリン代に、高速道路の通行料。自家用車でもレンタカーでも決して安くはありません。でも、それを上回る快適さが魅力です。大人のゆったり旅には、車という選択肢もかなりアリですよ。

idea 1
早朝に出発する

渋滞にハマるのが何よりも嫌い。連休は、車を使うメイン層の家族連れよりも、2～3時間前倒しで行動して渋滞回避。深夜割引が適用される朝4時前に高速に乗り、最終日もお昼すぎには旅を締めくくる。または夜遅くに帰宅します。

idea 2
おやつバッグを用意する

ペーパードライバーで全く役に立てないので、せめてもと、おやつ類をバランスよく用意しています。甘いものとしょっぱいものに加えて、歯ごたえのある酸っぱいグミなどもあると、眠気対策に有効。そして、疲れたら早めに休憩を。

idea 3
お気に入りのプレイリストと共に

基本的に、音楽の選択権はドライバーに委ねています。うちの場合はサカナクションを流しつつ、疲れてきたらレキシの曲を歌ってリフレッシュ。落ち着く音楽は眠くなってしまうので、適度にノリのいい曲をかけています。

盛岡「神子田《みこだ》朝市」。

ロードムービーのような、海鮮とお肉の食い倒れ旅

　新鮮な魚が食べたい！　と、ＧＷに北へ車を走らせました。連休は休日割引がないため、深夜割引が適用される早朝4時前に高速道路へ。10時間のロングドライブの末に八戸に着き、海鮮丼やお寿司、山菜の天ぷらなどに舌鼓を打ち、ウミネコに会い、「是川《これかわ》縄文館」で国宝の土偶を見ました。

　盛岡では滞在していた「北ホテル」から県庁を経由して、櫻山《さくらやま》神社まで至る道のりが、お気に入りの散歩コースになりました。神社近くの自家焙煎珈琲店「六月の鹿」で、カフェオレとピーナッツバタートーストをいただき、買った本を読み、窓の外の景色を眺める至福のひととき。この街は住みやすそう、などと想像しながら。

　ＧＷ後半は混みあうため、ホテルが多い

クリスマスローズをホテルの部屋に飾っても。

仙台へ移動します。

東北大学の構内を歩いて、老舗カフェでランチをして、「宮城県美術館」（現在は改修工事のため休館中）で子供の頃に大好きだった絵本の原画を鑑賞。「光原《こうげん》社」で世界の民芸品に心をときめかせつつ、自分の本質を再考する機会になりました。

東北のお気に入り

FOOD
新鮮な魚介類をはじめ、牛タンや冷麺、ご当地のお餅など、美食の宝庫。もちろんお酒やお米も。

SPOT
観光名所に加えて、朝市や市場、地元スーパー、書店や喫茶店、美術館などをバランスよく。車移動の際は、積極的に散歩もします。

ACTIVITY
朝の散歩やランを通じて、その日行きたい場所を下見するのも◎。

行きの岩手山SAからは雪をまとった岩手山が見えました。GWはちょうど桜も満開。

八戸「みなと食堂」の平目漬け丼に感動。せんべい汁もつけて。早朝に名前を書き昼入店。

旅先で本屋に立ち寄って、本を選ぶ。前回も行った「さわや書店」のブックカバーが素敵。

沢山のウミネコが巣づくりしている蕪嶋《かぶしま》神社。みちのく潮風トレイルの起点でもあります。

盛岡の「神子田朝市」で、ひっつみをいただく。野菜やおかず、花などが並びます。

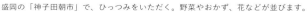

自家焙煎の珈琲店「六月の鹿」。

ノスタルジックな雰囲気の「北ホテル」。ロビーの落ち着いた雰囲気が好き。

毎回訪れる、東北大学横の「カフェ モーツァルト アトリエ」。テラス席が最高です。

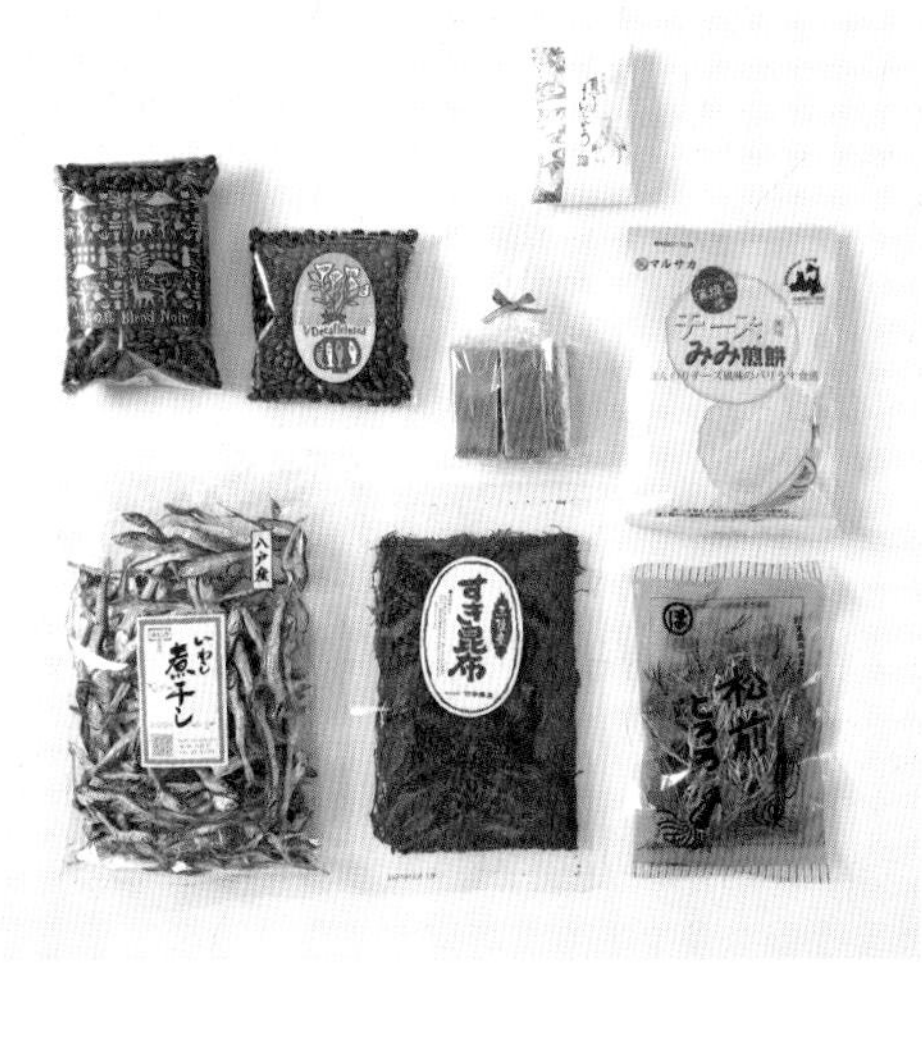

お土産は海の幸を中心に、美味しいものを少しずつ。実家に新鮮な八戸の魚を送り、友達へは「光原社」のくるみクッキーを。薄くてパリパリ後をひく、「マルサカ煎餅」〈チーズみみ煎餅〉がとにかく大好き。

車の移動が快適になるもの

a お風呂バッグ　ドライブ中に温泉に寄ることも多いので、台湾のメッシュトートにタオルを入れて持っていきます。b スパバッグ　スキンケアアイテムも詰め替え不要。ボトルのまま、ディズニーランドで購入したスパバッグに入れて持っていきます。

車旅で便利なものと、車内で使うもの

車内を家のようにしつらえるタイプではないので、持ち込むものは少なめです。

あると便利なものは、温泉まわりのグッズと、お土産のために高機能な保冷バッグ大中小のどれか。これらは日帰りでも長旅でも持っていっています。

保冷用品は、わざわざ持っていくならば、保冷効果の高いものが断然良い。大はキャンプでも使うイグルーのクーラーボックス28L、中はサーモスのソフトクーラー20L、小は台北のカルフールで買ったイグルーのトート、この3サイズを愛用中です。

そして、車内で使うタンブラーや水筒と、もしものためのアイテムを詰めたバッグ。足元に車内用のゴミ箱を置いたら、ゴミ問題が一気に解決しました。

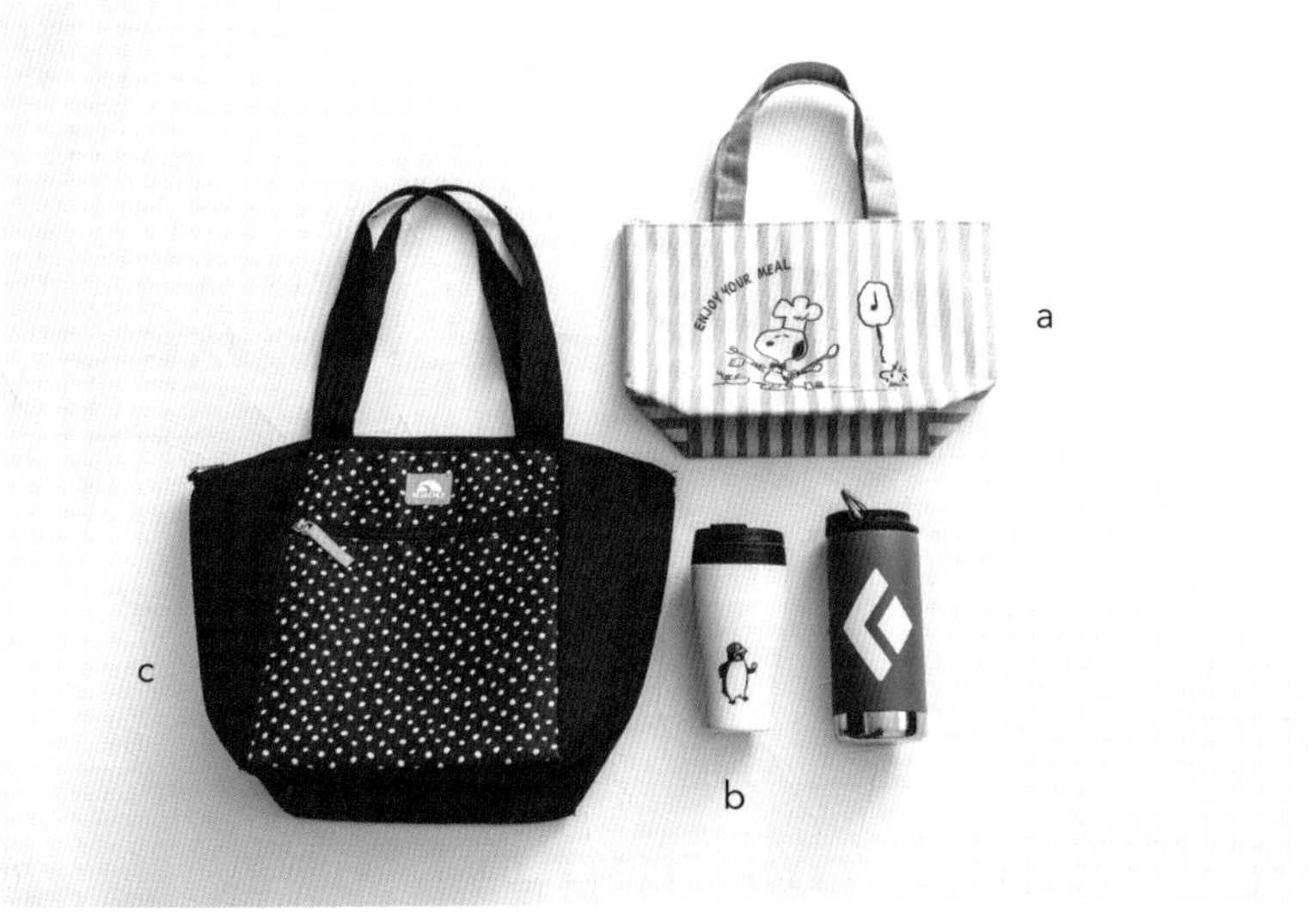

a おやつバッグは甘い・しょっぱい・酸っぱいを取り混ぜて。b 車内では蓋をワンタッチで開けられて洗いやすい、ドウシシャのタンブラー一択。家からお茶を淹れていったり、コンビニなどでコーヒーを買っても。c イグルーの保冷トート。クッションが厚いので割れ物を入れて持ち帰るのにも。

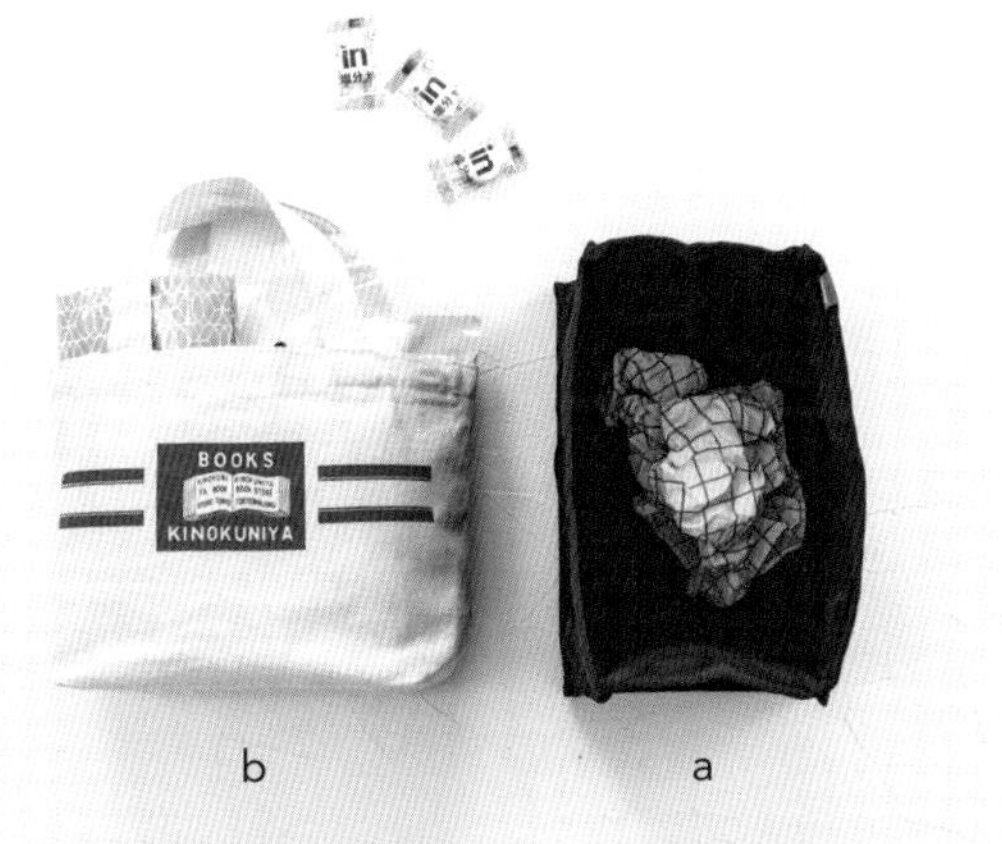

a 足元に常にゴミ袋が置かれているのが嫌で、車内用ゴミ箱を設置しました。ゴードンミラーのダストボックスは、コーデュラ素材の折りたためるゴミ箱。中に小さくたたんだコンビニ袋を数枚入れてあります。b もしもバッグには携帯トイレとウエットティッシュ、塩飴とミネラルウォーターなどを。

車旅のバッグ

トートとバスケット三兄弟

トートバッグと
ランドリーバスケット

車旅は荷物を持ち歩くことがほぼなくて、せいぜい駐車場から宿に運ぶときくらい。だから、荷物を入れやすいトートバッグを愛用しています。

　これまでは、帆布トートを使っていましたが、少々重くて肩かけもしにくかったため、ナイロン素材が出たタイミングで買い替え。軽くて口もチャックで閉まり、使い勝手が飛躍的に向上しました。

　ナイロントートには着替えやメイクポーチを、そしてフレディレックのランドリーバスケットには、充電器やノートPCなどの雑多な日用品を入れています。このように無理にひとつにまとめずに、ジャンルや用途ごとにバッグを分けたりできるのも、車旅のメリットです。

　そして手前の帆布トートは夫のもので、日本のクライミングブランド、「アイキャンディ」の〈グリズリートート〉。外に2つ、内側に6つのポケットがついていて、しっかり荷物を分類したい方にもおすすめします。物の出し入れがしやすく自立するトートバッグは、後部座席に置いて気軽に荷物を放り込めるのもいいところ。荷物をラフに持ち運ぶのに最適です。

hint

軽くて大容量

これまではL.L.Beanの帆布トートを愛用していましたが、ナイロン素材のエブリデイ・ライトウェイト・トートXLにアップデート。肩かけできて口が閉まるのも◎。

電車旅のTIPS

【 旅での動きかた 】

行きの新幹線や特急に乗り遅れると計画が大幅に狂ってしまうため、乗車駅には20〜40分前に到着したい。たとえば東京駅のように構内で迷いそうなくらい大きい駅ならば40分前、比較的コンパクトな駅は20分前といったかんじです。このくらい余裕を見ておくと、朝のラッシュなどで電車が遅れても対応できる。バタバタするよりも時間が余るほうがいいですし、駅弁やおやつなどをゆったり選ぶこともできます。

帰りは新幹線や特急の発着駅にデパートやお土産屋さんがあるかを調べておいて、あればそこでまとめて購入します。お土産タイムはお店が少なければ30分、いくつもあるようならば１時間前後です。

【 荷物が多いときの工夫 】

荷物が多いときは、ウエストベルトつき登山用リュックとキャリーを併用するのも◎。３辺計160㎝〜250㎝の特大荷物を持ち込む場合は、新幹線の荷物置き場付き座席の事前予約が必要ですが、大人のゆったり旅では、すべてを自分で持ち運ぼうとせずに、発送するという裏技も。

【 帰りの電車の時間 】

次の日に影響が出すぎないよう、帰りの電車は、①早めのごはんか車内でお弁当を食べて21時前に帰宅か、②せっかくなのでたっぷり遊んで23時頃に帰宅（相当疲れる）のどちらかにしています。いずれにせよ、きちんと逆算して、旅のあとに体調を崩さないよう計画して。

【 現地での移動 】

電車の本数が少ないところでは、行きあたりばったりは絶対に×。ちゃんと電車の時刻表を調べて乗り遅れないように。ちなみに私は北欧で、電車の時刻を調べずその街から出られなくなり、ユースホステルのドミトリーで見知らぬ男性と二人きりで同室に。その夜は眠れませんでした。

【 新幹線に乗るなら 】

自由席の奇数号車はトイレがついている分、座席数が少ないので、座りたいなら偶数号車に並びます。また、端に行くほど並ぶ人が減る傾向があります。コンセントの有無は車両によって異なりますが、窓際の席はほぼついているよう。真ん中のBCD席はない場合も。

飛行機旅のTIPS

【 日程次第でぐんと割安に 】

航空券を探す際は、まず複数の航空会社を比較できるサイト（スカイスキャナーなど）でざっと検索。前後数日や一か月など、検索範囲を広げていつ頃が割安なのかも調べます。一日ズラすだけで金額が大幅に変わることもあるので、これは必須。たとえば、その週末だけなぜか大幅に高騰している場合は、お祭りやイベントごとがあったりも。そうなると大抵ホテル代も上がっているので、その週末は避けるのが賢明です。もしもハイシーズンに人気の観光地を狙うならば、早めに手配するのが吉。またはセールで安い航空券を狙います。かなり前から予約するのが心配ならば、旅行のキャンセルを補償する保険もあるので調べてみては。

【 空港でのすごし方 】

空港が好きなのと慌てて駆け込みたくないので、空港には早めに着く派です。チェックイン後に搭乗ゲートを確認して、遠ければ早めに移動を。食事や買い物は保安検査場手前のほうが選択肢は多め。私は搭乗ゲート近くの椅子に座って、飛行機を眺めているのが好きです。

【 飛行機の席選び 】

飛行機の席は、トイレが近いのと窓際は寒いため、私はいつも通路側。そして前方の席はエンジンより前なので静かで比較的揺れも少ない。出入口に近く、早めに降りられます。後方の席は翼の後ろで景色が楽しめ、空席があってゆったり座れたりも。このあたりは好みですね。

【 快適グッズはなくてもいい 】

国内の数時間程度の移動では、ネックピローや足用ハンモックなどの快適グッズは、荷物になるので持っていきません。でも着圧ソックスは履きますね。それよりは温度調節のための上着やストールがあったほうがいい。機内は乾燥するから、無香料のバーム類も持っていきます。

【 飲食と体調管理 】

車酔いほどではないものの、離着陸時や気流による揺れで気分が悪くなることも。そのため、極端に空腹・満腹な状態で搭乗しないようにしています。また、飛行機が苦手で毎回かなり緊張するという友人は、緊張をやわらげる薬を飲んでから乗っているそうです。

車旅のTIPS

【 駅から離れた場所へも 】

宿と同様に、足を気にせず好きなところへ行けるのが車旅のいいところ。公共交通機関では行きにくいところも巡れて、時間のロスも少ないです。地図アプリにピンを立てておけば、位置関係の把握やコース決めに役立ちます。駐車場検索アプリも入れておくと大変便利。

【 事前手配にこだわらない 】

車旅の場合、駅近のホテル以外にも泊まれます。ある程度宿泊候補があるエリアは、混んでいる日でなければ必ずしも事前に予約しなくていい。移動しながらどこに泊まるか、当日に手配することもしばしばです。繁華街に泊まる際は、駐車場の有無と料金も要確認です。

【 重いものも買える 】

車は沢山の荷物を積めるので、そこまでシビアに荷物を厳選する必要はありません。そして、リンゴ一箱や地酒の一升瓶、うつわや家具まで、かさばるお土産もためらいなく買ってこられる。荷物が多い人や、旅先で爆買い派の人にこそ、車での旅をおすすめします。

【 休憩も盛り込む 】

車旅はメリットも多いですが、運転の疲れは避けられない。特に連休やハイシーズンは普段運転し慣れていないドライバーも多く、いつも以上に周囲に注意を払う必要が。的確な判断のために、十分な休憩をとりましょう。助手席からも、休憩を促すようにしています。

旅コーデ1
自然を楽しむ

軽量アウターとドライ素材の服

アウター・パンツ：THE NORTH FACE、トップス：NEUTRALWORKS.、シューズ：NIKEエアリフト

自然の中では汗や濡れ、汚れに強い素材が頼もしい。キャンプやごく軽めのハイキングでは、ドライ素材のトップスや防水透湿アウター、フットワークが軽くなるシューズやサンダル類を。トップスやアウターは、街でも浮かないベーシックなカラーを選んでいます。

そしてトレッキングなどでは、より高機能なアークテリクスのアウターやシューズを愛用しています。

旅コーデ2

移動中のラクなもの

キレイに見えてラクなてろっとパンツを

トップス：TODAYFUL、パンツ：DRESS HERSELF、バッグ：Patagoniaパッカブルリュック、シューズ：que

移動日は、公共の場である駅や空港を通ったり、宿のチェックインなどもあるため、あまりにラフな服装はしません。ラクでありつつ多少きちんと見える服を。たとえばトップスはシワになりにくいロング丈のシャツ、ボトムスは長時間座るので肌あたりの優しいシルクのジョガーパンツを。また、かさばる服を移動日に着ると持ち運ぶ荷物を減らせます。リュックは荷物を入れても身体への負担が小さい。

旅コーデ3

レストランに行くとき

アクセサリーと小さめバッグがポイント

トップス：COS、スカート：maison de soil、バッグ：J&M DAVIDSON、シューズ：que、ネックレス：petite robe noire

数日の旅ならば、コーディネート不要で小ぎれいに見えるワンピースが最強ですが、日数が長い旅や荷物を減らしたいときは、同色の上下を。分かれているとトップスだけ洗濯できたり、他の服とも合わせられる。しかも黒は汗をかいても目立ちにくい。化繊のTシャツとシルクスカートの組み合わせが私の定番です。小さめのショルダーバッグとアクセサリーを足して、おめかし感を出しています。

旅コーデ4

街歩きや友人に会うとき

旅先でも、自分らしい格好で

フーディ：VELENCE、スカート：GU、バッグ：CLASKA Gallery & Shop "DO"、シューズ：NIKEエアリフト

街歩きや友人に会うときは、雑貨屋さんやカフェ、素敵なお店にも入れる服装で。旅だからとミニマム一辺倒にはせず、1コーデくらいは多少かさばっても良しとしています。そのかわり、同じボトムスを着まわしたり、枚数で調節して。

二週間以下の旅ではいつも、ボトムスは計2枚ですごしていて、服が少ない分、帽子や靴下、アクセサリーを足しています。

旅コーデ5 海外に行くとき

ロ－ブが温度調節にも便利

海外旅行ではしっかりと暑い・寒いに対応できるよう、薄くて軽い服を重ねています。真夏のような気候の国にばかり行っているので、ドライ素材のトップスと動きやすいパンツが大活躍。そこに薄手のローブを重ねて縦長のラインを作ると、こなれ感と大人っぽさが出て、旅慣れた雰囲気になります。

足元は、スニーカーと雨や汗に強いスポーツサンダル率高め。アクセサリーも忘れずに。

アウター：Le pivot、トップス：NEUTRALWORKS.、パンツ：COMME des GARCONS、バッグ：FREITAG、シューズ：Maison Margiela

一人部屋のススメ

グループでの台北旅。会社員の友人は週末に来て、私は前後に数日足してゆっくりと。もちろん部屋は別々。一緒に朝ごはん屋さんを二軒はしごして街をくまなく歩き、数日間遊び倒しました。

無理に合わせず、別々もいい

以前、語学学校仲間の男女数人で台湾へ旅行をしたことがありました。この数日間、向こうで会いましょうと決めて、それぞれ自分の分を手配。私は二週間滞在予定だったので割安なホステルにしましたが、中にはビジネスクラスで来て高級ホテルに泊まっていた人も。興味の方向が異なるので別行動ももちろんOKで、相手に合わせすぎない心地よさを感じました。ちなみに夫も別行動したがる人で、おかげでカフェや雑貨店などは一人で時間を気にせずまわっています。

女友達との旅行でも、できればメイクを落とした顔は見せたくないし、水まわりも一人で心おきなく使いたい。友人たちも出張慣れしているので、「現地で合流」「部屋は別々」スタイルが定着していて心地よく旅できています。

気を遣いすぎる人こそ、勇気を出して一人部屋と別行動、してみませんか。

Part 3

目的ごとの旅

STYLE 1

近場の温泉へ

片道1～2時間で行ける行きつけの温泉を持ちたい　＊「はるのひかり」提供

お湯につかってリセットしよう

よく、箱根方面の温泉で疲れを癒しています。手軽な料金の立ち寄り湯でお湯を楽しんだり、宿泊して一日中温泉三昧したり。

立ち寄り湯は、天山湯治郷「かよい湯治一休」と、9時から朝風呂が楽しめる「ひがな湯治 天山」が行きつけ。こざっぱりしたしつらいで、箱根湯本駅から送迎バスで10分という、アクセスの良さも魅力です。

宿泊は「山のホテル」が、料理とサービス、庭園も素晴らしく、心も癒される最高のごほうび旅になります。

そしてもう一軒、養生館「はるのひかり」は食事と温泉で身体を整えてくれる湯治宿。温泉に入って昼寝をし、滋味深い食事をいただいて、夜も早めに寝る。それだけで、心と身体に溜まっていたものが、すっかりデトックスされました。

hint 1

たまには デジタルデトックス

現代に生きる私達は、気づかぬうちに情報やSNSに振り回されているはず。だから、せめてこういうときは意識的にスマホから離れて、デジタルデトックスを心がけています。その分、同行者とお喋りしたり、本や映画を楽しんで。

hint 2

体を休める 料理をいただく

養生食っていいものですね。華美な料理でなくても、胃と気持ちは十二分に満たされる。それを体現するのが養生食です。ちなみに、温泉の疲れない入りかたは、40度以下のお湯に20分程度だとか。体力の配分も気をつけています。

hint 3

観光や散歩へも

温泉のあとは観光や散歩、食事、お土産を楽しむ。箱根では芦ノ湖畔を散策して箱根神社へお参りし、「山のホテル」でランチやお茶をして、直売所で旬の野菜を選ぶ。箱根は立ち寄りたいスポットが多く、ずっと人気なのも納得です。

旅POINT

何度もリピートしているエリアは、ランチやお茶をするお店を変えて飽きない工夫をし、滅多に行けないところは観光の割合を増やします。どちらにせよ、早めに行動して混む時間帯を避けて。

WISH

近場の温泉をきっかけに、遠方への旅でも温泉を組み込むように。道後温泉や熊野のつぼ湯はもう一度行きたい。

STYLE 2 プチトレッキング

青々とした緑に包まれる西穂丸山

頂上を目指さずとも

日頃あまりに運動不足で体力がないため、いつもプチトレッキング派。上りがせいぜい2時間前後の、らくらくコースを選んでいます。山小屋での休憩や下山後の美味しいものがごほうびだから、必ずしも頂上まで行かずともよく、体力や時間に見合った範囲で歩きます。

このときは、まず松本で腹ごしらえをして、奥飛騨温泉郷「麓庵 民宿たきざわ」に宿泊。食事とお湯が評判の宿です。

そして、二日目の朝に宿を出て、新穂高ロープウェイに乗り、西穂山荘経由で1時間45分歩いて西穂丸山山頂へ。すいーっと下山して、松本の「マサムラ」でシュークリームと、スーパー「ツルヤ」でおやきとジャムを買う。ほどよく運動してあとはグルメという、充実の旅でした。

hint 1
腹ごしらえにお蕎麦

奥飛騨に入るときは松本を通るので、「そば処浅田」で腹ごしらえ。温泉宿に泊まる際は、夕食が盛り沢山なことが多いため、夜に向けて昼は軽めにしておきます。

hint 2
温泉宿に宿泊する

山の朝は早いので、時には前日入り。奥飛騨温泉郷「麓庵 民宿たきざわ」はお手頃価格でごはんが美味しく、貸し切り露天風呂も最高でした。ロープウェイ駅へのアクセスも◎。

hint 3

体力に合わせたプランで

数時間コースのプチトレッキングは小屋での飲食も楽しみのひとつ。そうすると荷物も少なくすみます。ただし、短い行程でも雨具や最低限の行動食は持参。

hint 4

ロープウェイでらくらく

ロープウェイですいっと天空へ。歩かずとも澄んだ空気と絶景を楽しめます。春は新緑や花、秋には色とりどりの紅葉が。どの季節もため息の出る美しさです。

旅POINT
トレッキングは自然が相手なので、時間が短くても最低限の準備を。登山靴を履き、雨具とヘッドライト、多少の行動食は必ず持参しています。

WISH
山周辺の美味しいもの（ソフトクリームとか！）や、その季節に見られるお花、お土産などを調べておくと、モチベーションがぐんと高まります。

イリヤ＆エミリア・カバコフ「棚田」

STYLE 3 農業体験

食を守る活動を

新潟県十日町《とおかまち》市と津南町《つなんまち》で、3年おきに開催されている「大地の芸術祭」で棚田の美しさに胸を打たれ、それから6年ほど、棚田での米づくり〝まつだい棚田バンク〟をサポートしています。

サポート活動のひとつが田植えや稲刈りへの参加。毎年春と秋に通っていて、作業前に魚沼《うおぬま》市塩沢の「おにぎり屋」で腹ごしらえし、作業後は日本三大薬湯の「松之山温泉」で汗を流す。時間があれば、新潟市周辺まで足を延ばして、「佐渡寿司弁慶」と大福が絶品な「さわ山」、質のいい日用品が並ぶ「エフスタイル」、愛用しているアクセサリー、モンシロのショップでもある「タネル」へも立ち寄っています。お土産には、豆乳だけで美味しく焼ける、「マリールゥ」のパンケーキミックスがお約束。

hint 1

春はせっせと苗を植える

水が張られた棚田の風景は幻想的な美しさ。棚田は傾斜地に階段状に作られた田んぼのことで、機械を入れられないため手間がかかり、さらには農家さんの高齢化も。ほっかほかのおにぎりをしっかり食べて、いざ出陣。

hint 2

実りの秋は刈り取りの季節

黄金色の稲穂が風に吹かれる様は物語の世界のよう。自分が食べるものを自分たちで作るという、当たり前のことをサポートしたい。松之山温泉はしっかり温まり、美肌効果も抜群。日帰り入浴ならば「凌雲閣」が私の定番。

hint 3

すこし足を延ばして新潟市周辺へ

上／「さわ山」の甘さ控えめの餡が透けるほど薄皮の大福は一人2つ。買ってすぐにまずパクリ、あとでもう一つ。中／「佐渡寿司弁慶」は立ち食い店のほうが待ち時間が短め。下／新潟土産をずらり。花ばさみは、選び抜かれた暮らしの道具が揃う「エフスタイル」で購入。

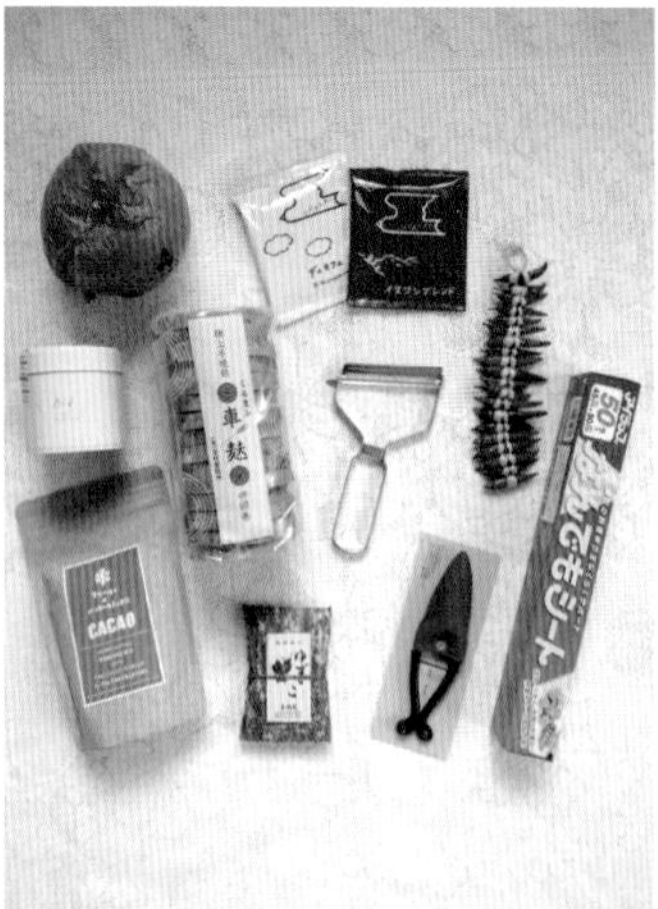

旅POINT
テーマのある旅は、目的が決まっているので組み立てやすい。時間や予算を上手に振り分けて、駆け足にならない程度に肉付けします。疲れたら、地元のスーパーや道の駅にだけ立ち寄って、さっと帰宅することも。

WISH
コンビニやスーパーで手に入る、亀田製菓の新潟限定スナック、サラダホープを毎回まとめ買い。三角だるま最中と、夏野菜の神楽南蛮も必ず購入します。

STYLE 4 動物に会いにいく

奈良公園にて、鹿にお尻をかじられる３秒前。

うるうるの目にズキュン

以前から、週末のお出かけや海外旅行で動物園へ立ち寄っていました。それがいつしか、動物に会うために旅するように。どこにいるかを調べて、そこから計画を立てることもあります。

よくよく調べてみると、動物園や水族館をはじめ、日本のあちこちに様々な動物が住んでいます。

最近行って満足度が高かったのは、栃木県の「那須どうぶつ王国」で、顔も身体もモフモフなマヌルネコや、アムールトラ、ホッキョクオオカミなど、珍しい動物が数多くいました。また、うさぎやペンギンへの餌やりや犬とのふれあいブース、気持ちよさそうにお湯につかるカピバラも愛らしかった。動物とふれ合うと、幼い頃の柔らかな気持ちを思い出します。

hint 1

那須どうぶつ王国

むっちり丸いマヌルネコ、お湯につかるカピバラにも癒されて。動物との距離が近く、のんびりすごせる素敵な王国。グッズも豊富。

hint 2

馬 in 阿蘇《あそ》カルデラ

「阿蘇草千里乗馬クラブ」は、阿蘇のカルデラに囲まれた広大な草原で、予約なしで乗馬体験ができます。初めての乗馬、まるで中央アジアにいるように思えました。

hint 3

アルパカ in 牧場

牧場へは動物とソフトクリームを目当てによく行きます。アルパカは威嚇のために唾を吐くのでご注意を。私もペッとされかけました。

hint 4

象 in ラオス

ラオスでは念願の象の餌やりを。青いバナナをもっとくれとねだられました。皮膚は硬くてほんのり温かい。一緒に水浴びやお散歩もできるようです。

旅POINT

動物に会いにいく際は一日がかりの遠足気分で天気予報をしっかり確認してから出かけます。長時間外にいる場合もあるので、暑さ寒さ対策と、帽子も忘れずに。

WISH

「よこはま動物園ズーラシア」のセスジキノボリカンガルー、「埼玉県こども動物自然公園」のクオッカ、大阪「天王寺動物園」のキーウィにも会いたい。

STYLE 5

船旅

天草のフェリー乗り場にて、海に沈みゆく夕日

波の音に包まれて

船の旅が好き。離島はどこかゆったりとした時間が流れていて、波に揺られて船で訪れるのも乙なものです。

ヘルシンキからエストニアへの片道2時間の航海や、屋久島、五島列島、小豆島、直島《なおしま》、日間賀島《ひまか》、佐渡、ゴッドランド島などあちこち行っていますが、なかでも大阪・南港《なんこう》と福岡・新門司《しんもじ》港を結ぶフェリーは、瀬戸内海を通るために揺れも穏やか。瀬戸大橋や明石海峡大橋など、日本の三大架橋の下を通過して、美しい夜景を見ることができました。

夜発朝着の13時間弱の航海。個室から相部屋まで予算に応じて選べ、二段ベッドの2等洋室に宿泊。船内にはレストランや、海を見ながら入浴できる展望浴室もあってなかなか快適でした。

hint 1

フェリーでの宿泊にワクワク

カプセル感のある二段ベッドは、上段を選ぶと音が気になりにくい。カーテンで仕切れるため、周囲を気にすることなくぐっすり眠ることができました。個室はホテルの部屋のよう。予算が許すならば、いつか泊まってみたいものです。

hint 2

夜景や海を楽しもう

夜の航海では、夜景を楽しむことができます。海面に映る街の灯り。そこで暮らしを営んでいる人が、こんなにいるのかと胸が熱くなります。右は佐渡で乗ったたらい舟。せっかくの旅だから、面白そうなことは全部やりたい派です。

Hint 3

教会巡りと絶景ホテル

世界遺産の教会が数多くある五島列島。フェリーで複数の島を巡りました。新上《しんかみ》五《ご》島町《とうちょう》のホテル「マルゲリータ」は、朝日と夕日が一望できてお料理も素晴らしかったです。

旅POINT

車も一緒に渡ると、さらに自由に動けます。ただし船は航路や船の種類、天気によっては揺れが気になることも。心配な場合は酔い止めを持参して、お酒も控えるのがベターです。

WISH

次は関東地方の島に渡ってみたい。イルカと一緒に泳げるという御蔵《みくら》島《じま》や、温泉がある伊豆諸島などが気になっています。

Hint 4

車ならお土産もどっさりと

九州の上半分を巡った際に、福岡三越内の食品店「北野エース」へ。車だったので、お店の方が的確におすすめくださったものを、まとめて爆買いできました。

STYLE 6

アートで心に潤いを

マ・ヤンソン／MADアーキテクツ「Tunnel of Light」

未知なるものにふれる喜び

美術館や博物館、芸術祭にイベント。アートは、旅と日常をつないでくれます。

これまで訪れて特に印象深かったのは、自然とアートが調和し、世界一美しい美術館と称されている、デンマーク「ルイジアナ近代美術館」。作品が最も美しく見えるように空間や光量が考え抜かれていた、直島「地中美術館」。3年ごとに訪れている新潟「大地の芸術祭」。そして、優雅なマレーシアの文化や手工芸を集めた「イスラム美術館」と「国立テキスタイル博物館」。「イスラム美術館」で世界のモスクの模型を見たのをきっかけに、その数年後にウズベキスタンを旅することになりました。

アートにふれて、感性が広がる。旅だからこそ、より素直に受け入れることができている気がします。

hint 1

屋外でアートを鑑賞

大地の芸術祭

新潟県の南側、越後妻有《えちごつまり》で3年おきに開催される芸術祭。香港や台湾からの来場者も多数いらっしゃいました。棚田を背にした草間彌生さんのオブジェは必見です。

パスカル・マルティン・タイユー「リバース・シティー」

草間彌生「花咲ける妻有」

hint 2

企画展との幸運な出会い

旅先で運良く企画展に巡り合うことがあります。長崎県美術館では「がまくんとかえるくん」シリーズの著者アールド・ノーベル展が開催中でした。また、見逃した展示を巡回中に見れたりも。写真は和田誠さんのグッズ類です。

hint 3

海外の美術館や博物館から次の旅へ

マレーシアに興味を持ちしばらく通っていた際に訪れた「イスラム美術館」は、クラシックとモダンが融合した建物に、モスクの模型や贅を尽くしたジュエリー、陶磁器などが展示されていました。併設のレストランもぜひ。

STYLE 7

ワーケーション

福岡市が運営する施設。コワーキングスペース、シェアサイクルもあり。

旅先で暮らしてみる

ここ数年、機会を見つけて箱根・福岡・バンコク・クアラルンプールでワーケーションを体験してみました。一週間から一か月ほど滞在して、普段通りに仕事をしながら旅先で生活する。それを通じて、旅とはまた違ったポイントを見つけました。

まずは予算管理。長期滞在で一泊あたりの宿泊費を抑えたいのと、落ち着いて生活するために、交通至便な繁華街ではなく、商業地と住宅地の間の、便利かつ静かなエリアを選びました。そして食費も控えめに。ほぼ外食になるため、「一人のときは一食1000円」など、上限を決めておきます。

特に大事なのは環境づくりで、仕事がしやすいコワーキングスペースや、シェアサイクル、朝夕散歩できる公園も見つけたおかげで、快適に生活できました。

hint 1

ホテルに連泊する

日数や季節によっては、洗濯機があるとベター。連泊向きのビジネスホテルを選びました。安い部屋は狭いので、室内で仕事をせず、コワーキングスペースや図書館などを活用します。たとえ一人でも室内は整理整頓を心がけて。

hint 2

生活を整える

ワーケーションは、体調管理が必須。そのために規則正しい生活を。起床と就寝、昼食の時間を決めて、生活が乱れないようにします。運動不足解消のために朝夕の散歩もいい。シェアサイクルで街をパトロールするのも好きです。

漁港の食堂

鮮魚市場内の「おきよ」。刺身やフライ、煮魚まで、新鮮な魚料理は何を頼んでも美味。

天ぷら

目の前でひとつずつ揚げてくれる「天麩羅処ひらお」。昼は観光客で激混みなので夜に。

お弁当

天神「岩瀬串店」の昼限定かしわ飯弁当は400円。大濠公園で友達と食べました。

刺身のごましょう油和え

福岡といえば新鮮な魚。「梅山鉄平食堂」は夜も定食スタイルで回転も早く良い店。

hint 3

一食1000円前後の普段着ごはん

食べものが美味しい福岡。友人が住んでいて、夜に集合してごはんを食べに行きましたが、みんな定食などを頼んでいたので、食費はそこまでかさまず。ハレではなく、ケを意識してすごして。

hint 4

お茶時間を楽しむ

仕事を頑張ったごほうびに「万《よろず》」で日本茶と和菓子をいただき、茶器セット（P92）を購入しました。

旅POINT

福岡は国内の主要都市との交通至便で、移動コストも比較的安い。ビジネス都市のため、宿や飲食店も豊富。このようなエリアを選ぶと心地よくすごせます。

WISH

台湾・高雄や大阪も上記の条件に合致し、長期滞在に向いていそう。また、リゾート地で飲食店がそこそこある熱海も狙っています。

STYLE 8

ごほうびホテルステイ

「横浜ロイヤルパークホテル」の海側の部屋を奮発。最高の景色でした。

直前手配でひょいっと脱出も

仕事や家のことなどをひとまず横に置いて、ほんのひととき休みたい。そんなときは、ごほうびホテルステイ。

金土は混みあうところも、平日や日曜夜は比較的空室が多くて、お値段もお手頃。遠くまで行かずともリフレッシュできます。

最も満足度が高かったのは、イベントの際に休みをとって、みなとみらいに前泊したこと。石川町の「Cafe de lento」でランチをしてホテルに荷物を置き、一人で観覧車やロープウェイに乗って、山下公園を散歩。夜は部屋で夜景を楽しみ、スマートテレビで映画を観て、音楽を聴く。

好きなことだけをしているうちに、心がひたひたと満ちてくるから、定期的にやりたいものです。自分のこと、もっと甘やかしてあげたいです。

hint 1

一人時間を満喫する

自分だけのために部屋を取るって大人なかんじ。平日は、ホテルによっては飲み会一回分くらいで宿泊できたりも。前もって予約してもいいし、衝動にまかせても。居場所を変えるとすっきりするからやってみて。定期的なガス抜き、大事です。

hint 2

お茶セットを持っていく

海を見ながらくつろぎのお茶時間。なんて素敵なんでしょう。家から茶葉と茶器セットを持参して、通り道のデパートでお菓子を買って、部屋でティータイム。また、ホテルのカフェでお茶を飲むのも背筋が伸びるひとときです。

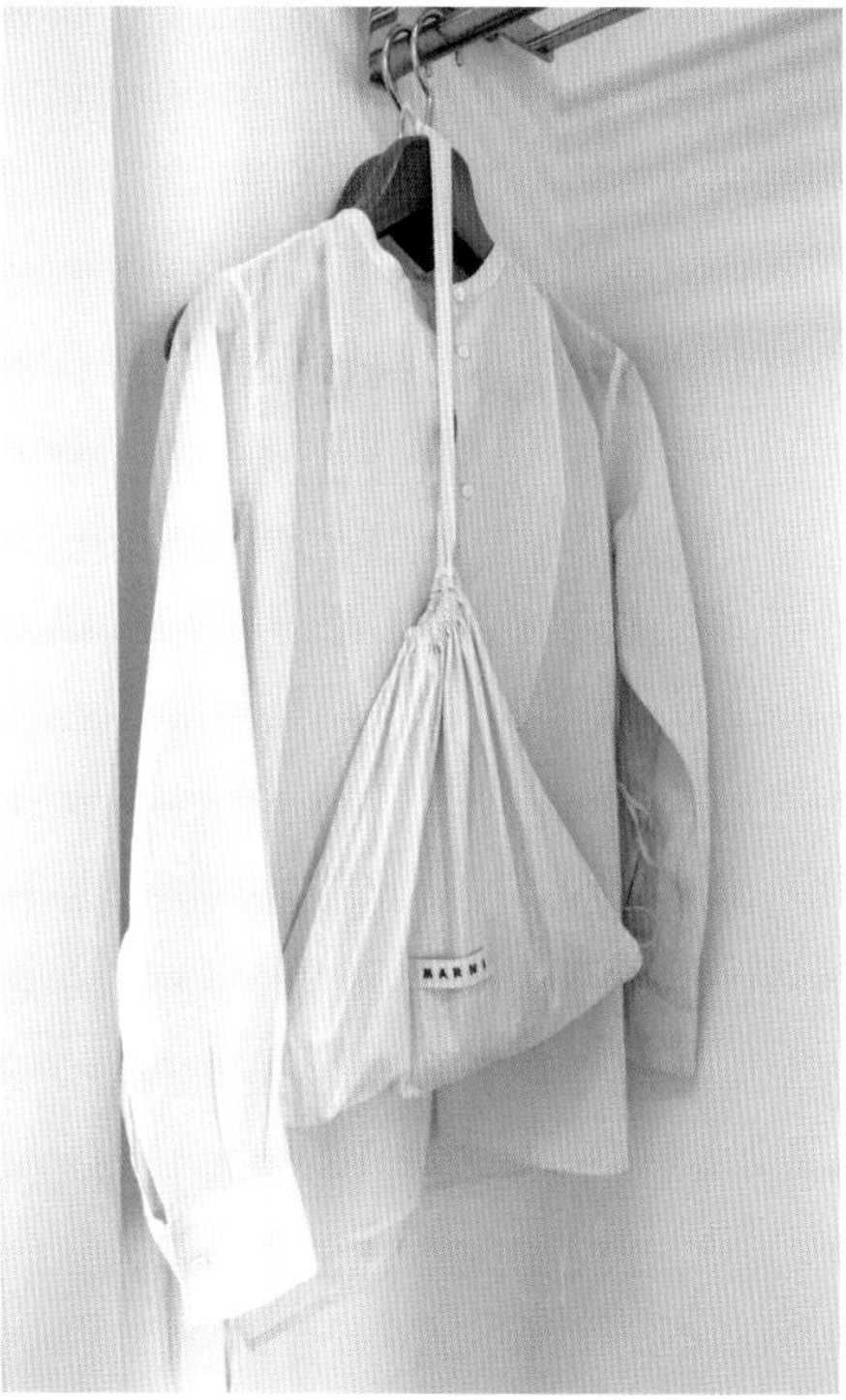

hint 3

荷物も少なくすむ

近場のホテルステイだから、荷物も少ない。着替え、試供品のスキンケアと少々のメイク道具くらい。大荷物を抱えて移動しなくてすむのもごほうびホテルステイの良いところで、仕事の帰りに寄り道する感覚で行けます。

hint 4

豪華な朝食を味わう

ホテルステイの魅力は、夕食よりむしろ朝食にあると思っています。家ではこんなに品数豊富で美しい朝食は作れないし、ゆっくりと味わえないので、特別感がある。優雅な朝ごはんのために早寝する価値があります。

旅POINT
ごほうびっていい響き。最低限の荷物でふらっと泊まってみよう。一日中部屋でゴロゴロしたり、散歩、買い物、オタ活三昧、何でもござれ。思いきり自由にすごして。

WISH
憧れホテルに安く泊まれる時期に予約を入れるのもいい。連休前後やクリスマス直前、お正月後など、ハイシーズン前後もお手頃。いつもよりワンランク上のホテルに。

持ち帰るための梱包グッズはこれ。割れ物を守るプチプチやフルーツキャップなどの緩衝材と、外からしっかり固定するストレッチフィルムは家から持っていき、雑誌を守るダンボールは現地調達でも。

差し上げるためのラッピングも楽しい。テクニックがない分、かわいい袋を見つけてストック。

割れ物もガードして持ち帰り、かわいく包んでプレゼント

割れ物の持ち帰り歴は、かれこれ25年にもなります。フランスや北欧の蚤の市で散々食器やグラス類を買い求めた経験により、ずいぶん鍛えられました。海外では梱包材を手に入れにくい場合もあるため、必要なものは一通り持参します。

うつわやジャム・液体調味料の瓶など、だいたい持ち帰りたいものは決まっていて、適したサイズのプチプチやフルーツキャップ（果物が包まれているネット）があると便利。新入りはスーツケースをぐるぐる巻きにするのにも使うストレッチフィルムで、ざっと新聞紙などで包んだ上からこれを巻くと、しっかり固定できます。液体を持ち帰る際は、これらをさらにジップ袋に入れて、洋服もクッション材にします。

そして、貴重なうつわ類はスーツケースには入れずに重くても手荷物で持ち運ぶ。おかげで、今までほぼ無傷で割れ物を持ち帰れています。

Part 4

わたしの海外旅行

海外ならではの持ち物

必要なものを、少しだけ

選び抜いた持ち物と快適な旅を

海外旅行の持ち物は、年々アップデートされて、今はこんなかんじです。

最も重要なのは貴重品まわり。「無印良品」のメッシュポーチ（m）に現地通貨とカード2～3枚を入れて、頻繁に出し入れするパスポートと航空券を「伊東屋」のチケットケース（l）に挟んでいます。

現地に着いたら、パスポートと日本円、鍵、日本のSIMカードをメッシュポーチに入れ替えてセキュリティボックスへ。そしてミニポーチ（c）をお財布代わりにし、中にはスキミング防止カードを入れます。

服や傘、水筒などの小物類や充電器等も、積もり積もると重さが出るので、少々高価でも小さくて軽いものを選んでいます。

使い慣れているいつもの旅セット。勝手知ったる心強い相棒です。

96ページ：a タイ「KARMAKAMET」のサニタリースプレー“white tea” b ワイルドな旅はワイヤーキーが必須 c お財布ポーチに「無印良品」のリール付きストラップをつけて d cの中にスキミング防止カードを入れます e 中身が見えて軽量なジップ袋をポーチ代わりに f SIMカードは日本で入手し、機内で落ち着いて入れ替え g 「Anker」の充電器はコンパクトサイズ h「スノーピーク」のチタンカトラリー i 食品も買うので「サーモス」の高機能保冷バッグも j 暑い国は汗ふきシートを k なにかと出番の多いティッシュ l「伊東屋」のカラーチャート・トラベラーズリサイクルレザーケース・チケットに名前を刻印して m カードが入るポケット付き。「無印良品」のポーチ
97ページ：n バッグをかける場所がほぼないので「Clipa」のバッグハンガーを持ち手につけて o KINTOの300㎖ウォーターボトルは重さ60g p「モンベル」の小さくたためるU.L.MONO ポーチ。23g q「BIRKENSTOCK」のEVA素材サンダルをスリッパ代わりに r コーデュラナイロンに遮光フィルムを貼り合わせたAmvelの全天候傘。約140ｇ s 濡れた床で裾が汚れる心配のない足首が絞られたパンツ t ドライ素材のTシャツは夜に手洗いして朝には乾く

パッキングの楽しみ

洋服を土台にして詰めていく

パッキングのルールは、20年以上変わっていません。まず、生活系アイテムとその他（お土産や梱包材）に分ける。そして、かさばる洋服を四角いケースに入れます。四角いケースは、デッドスペースができず収まりがいい。そして余白に下着や衛生用品、モバイル周辺機器などを入れていく。スーツケースを立てた際に重いものが下にくるようにすると、中で物が動きにくく、安定します。

洋服を入れるのは、「無印良品」の片面メッシュの仕分けケースが、金額・重さ・デザインともにパーフェクト。これ以上のものは他になかなかないでしょう。その他のポーチ類も、できれば四角で重さにもこだわって。LCCのときは登山やキャンプでも使っている超ライトウェイトな「グラナイトギア」のエアジップサックを採用。そして靴や折りたたみ傘などを持っていくなら、洋服のケースが縦長になるように入れて、その横の余白に差し込みます。

持ち物を分類すると、パッキングしやすいし、何がどこにあるかすぐわかる。整理収納が苦手な方も、①分ける、②四角いケースに入れる、③スーツケースに入れる、の3ステップで、整然としたパッキングが叶います。

パッキングの基本は、体積の大きい洋服（雑誌の付録のケース・下）と下着（無印仕分けケースM・左上）をまず入れて、その余白に小分けにしたメイク＆スキンケアのポーチと衛生用品、モバイル周辺機器を入れます。

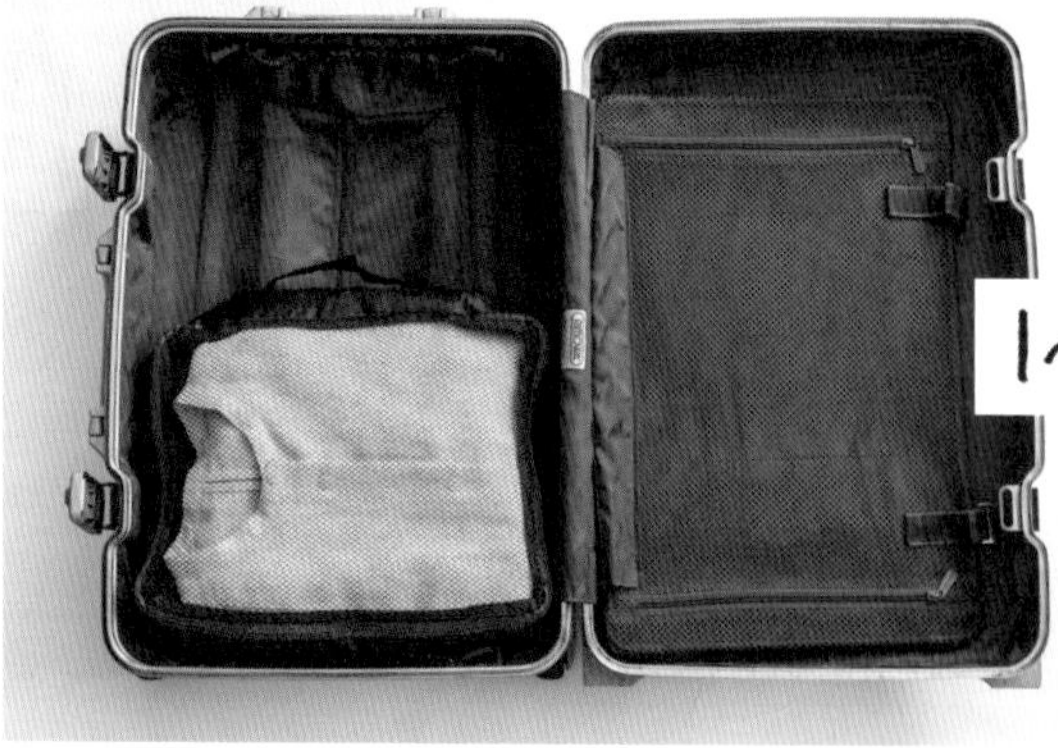

hint ①

かさばる洋服をまず入れる

洋服を仕分けケースに入れて、下のほうに入れます。大きいものを土台にするとクッションの役割になり、スーツケースを立てたときにも安定します。

hint ②

ポーチ類は四角いものを

スキンケアやメイク用品、充電器など、ジャンルや使うシーン別にポーチに分けます。入れるポーチも、四角いもののほうがパッキング向き。

生活用品は片側にまとめる

旅の間に使う衣類や洗面用品などは片側にまとめて。荷物が少なくても、友達へ持っていくお土産や、後から使う梱包材は蓋側に分けるとわかりやすい。

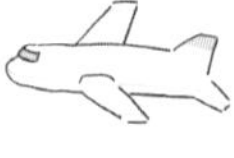

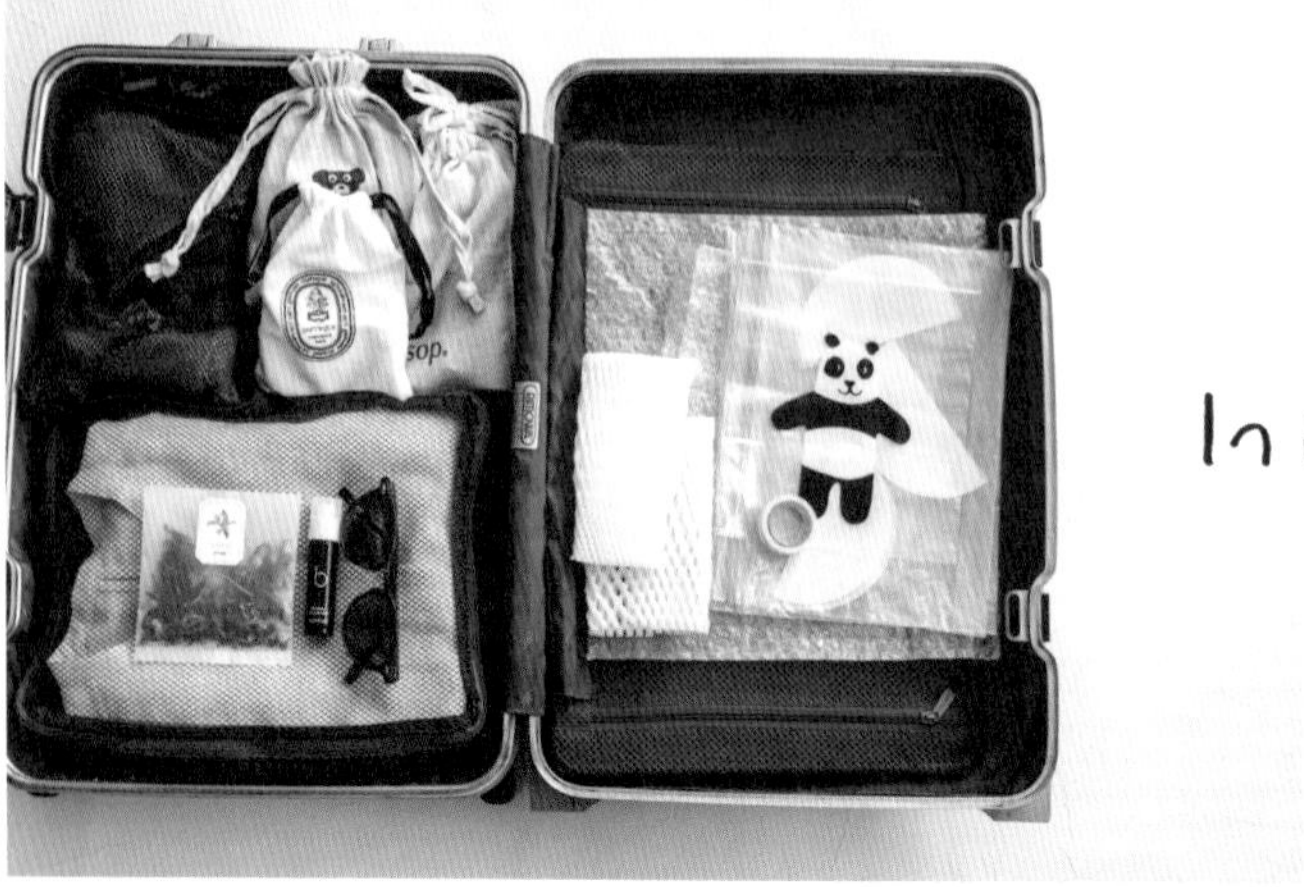

hint ③

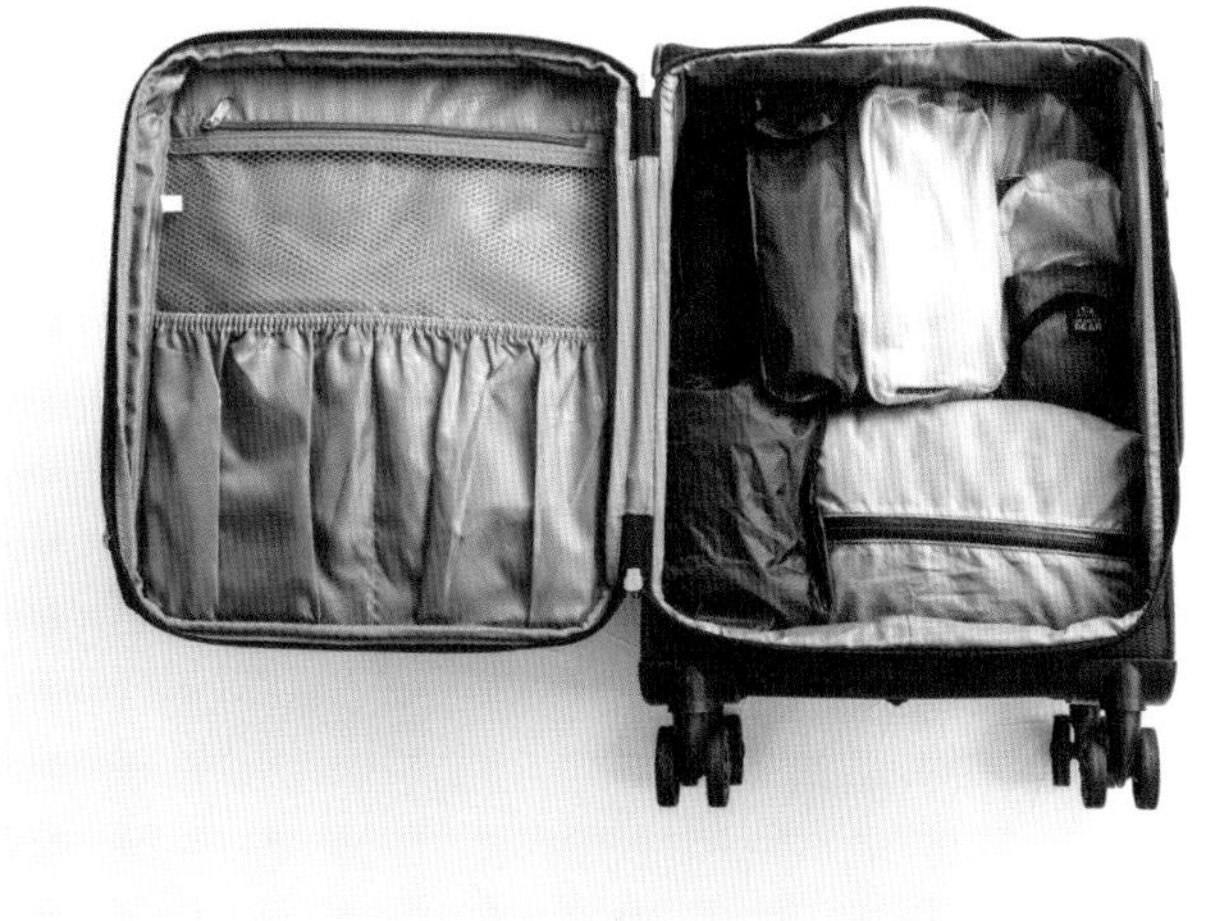

LCCなどで荷物を軽量化する際は、軽いキャリーケースと登山用のライトウェイトなポーチ類を。「軽量」といううたい文句に惑わされず、実際の重量もきちんと確認して買っています。

a「アークテリクス」のスコーミッシュフーディは小さくたためて超軽量（120g）。持ち歩きやすい　b 軽さに定評ある「グラナイトギア」のエアジップサックは、容量９Lで重さ34g　c「グラナイトギア」のエアグロセリーバッグ（40g）は容量30Lで耐荷重約12kg。コンパクトになるので愛用　d「モンベル」のU.L.ペーパーポーチM（14g）　e 下着は「無印良品」のウール素材や「ユニクロ」のドライ素材が優秀　f 長旅の必需品「ビクトリノックス」の爪切り（約18g）

機内に持ち込むもの

防寒具と最低限のアイテムを

機内に持ち込むものは最小限です。大荷物を抱えて空港内を移動しないですむように絞っていますが、ロストバゲージ対策で歯みがきセットや保湿クリームとメガネも入れています。

機内が寒い場合も多いため、季節を問わず防寒着は必須。冷気は足元にたまるので、ハイソックスタイプの着圧ソックスを履いて足首もしっかりガードしています。

入国カードを記入するペンと、ＳＩＭカードを入れ替えるグッズも忘れずに。このところ空港内や機内でも充電できるようになって、小さい充電器とケーブル（着脱可なもの）も手荷物に入れるようになりました。これらにカメラが加わると、やはりそれなりの荷物になりますね。

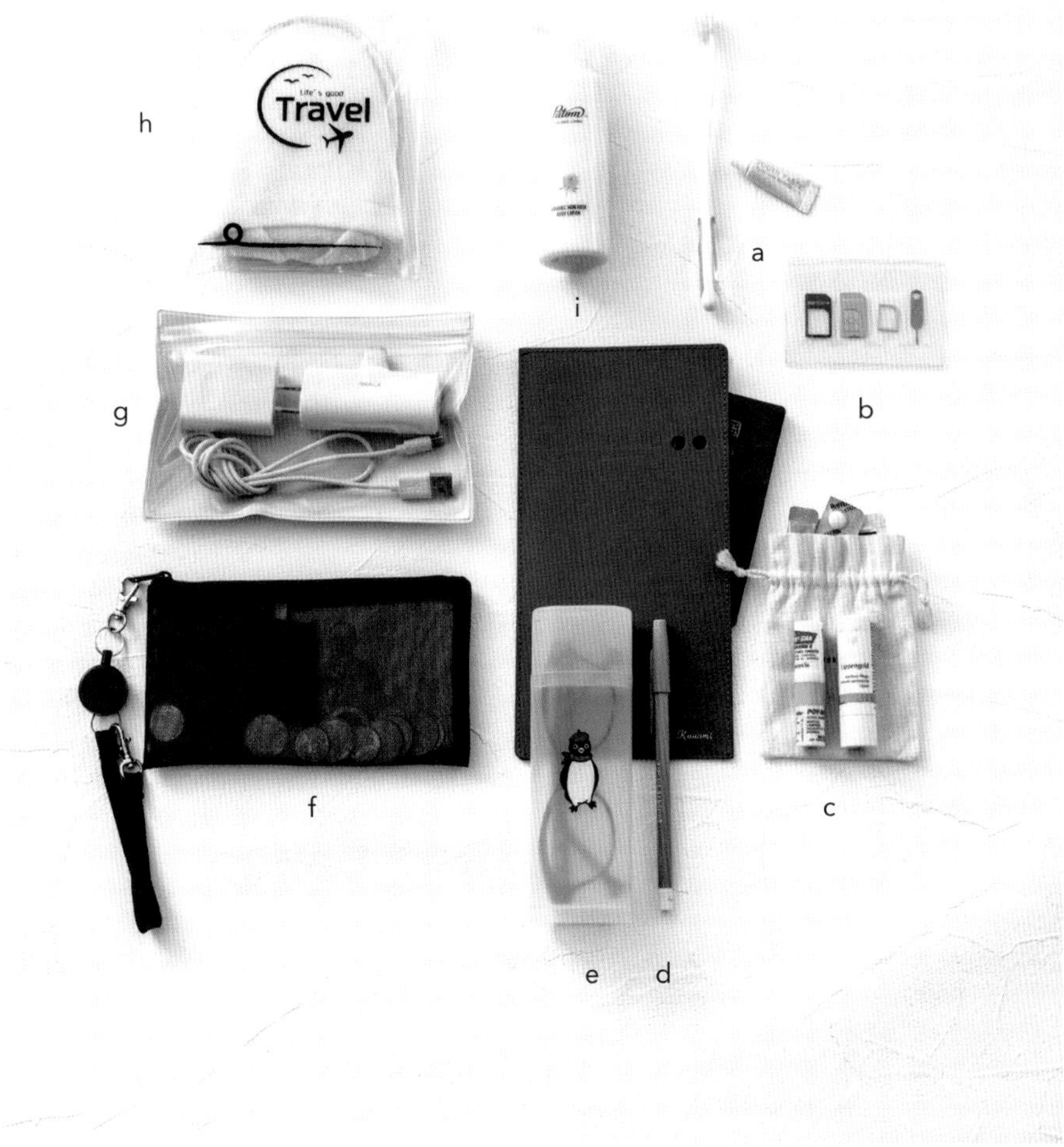

a 歯みがきセット　b SIMカードを入れ替えるピン類も　c 乾燥対策のリップクリームと、頭痛対策＆虫よけ＆かゆみ止めにもいいタイのメントール嗅ぎ薬、ヤードム　d 入国カードを記入したり旅ノートを書くためにペンを一本　e メガネは「無印良品」の軽いケースに入れて持参　f ストック用財布。現地に着いたら日本円や鍵などの貴重品をまとめます　g 充電器とバッテリー。バッテリーは必ず手荷物に　h 靴を脱ぐとラクなので使い捨てスリッパを　i 保湿アイテム、機内で使うなら香りが強すぎないものをチョイス。液体は100㎖という上限があるので注意

準備と気をつけたいこと

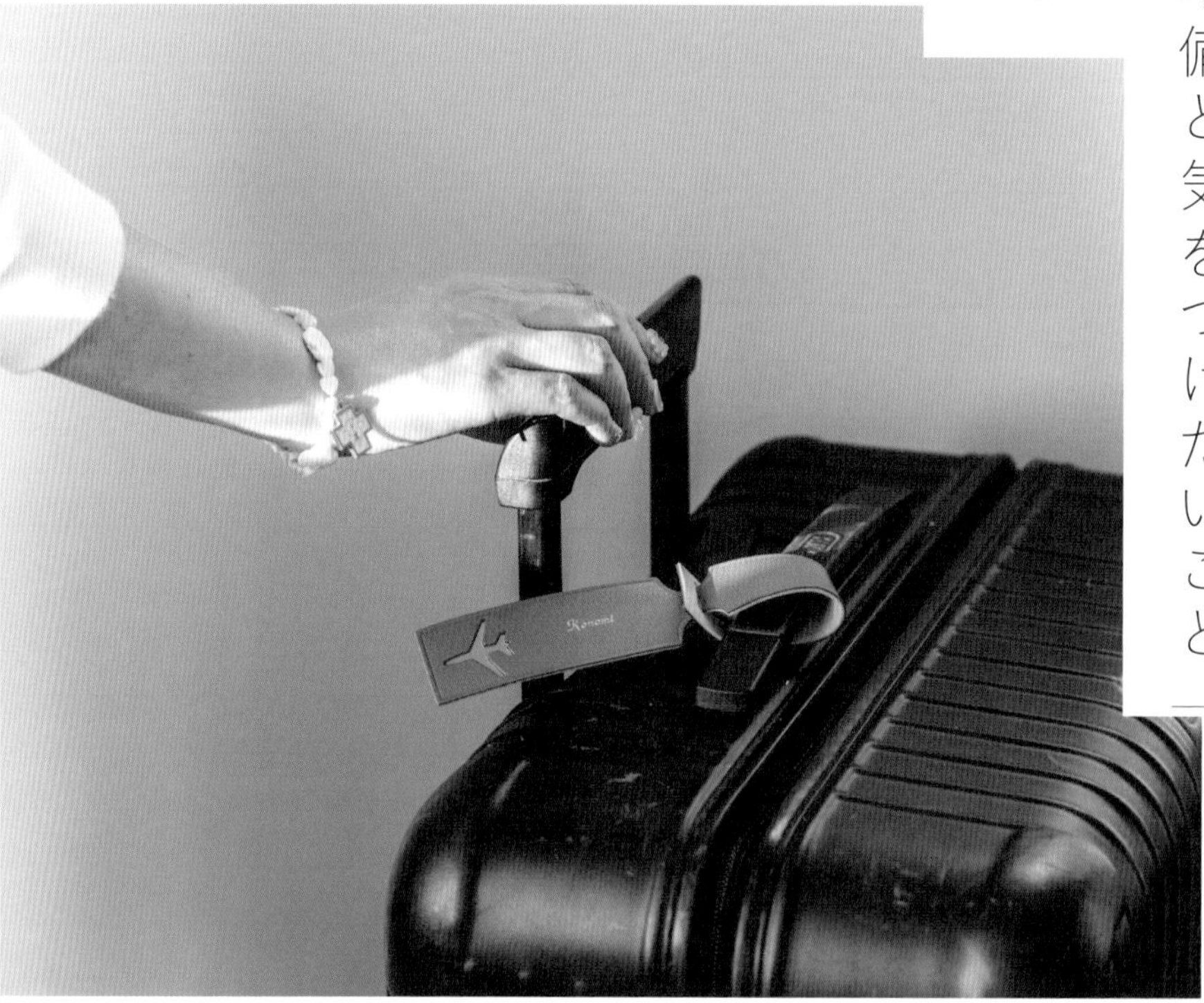

「安心して楽しむ」ための準備を

　旅の準備は、もしかすると現地での時間よりも大事かもしれません。しっかり調べて準備しておけば、安心できますし、より快適にすごせるからです。

　旅の満足度を大きく左右するのが、交通と宿泊です。航空券は価格を比較して海外の旅行サイトで手配するのではなく、必ず航空会社の公式サイトで予約します。コロナの際に語学が堪能な友人でさえ、キャンセルや返金対応に苦労していました。欠航時の対応も含めて、たとえ多少割高でも、それは安心料と考えています。

　同様に、ホテルの予約時に支払い金額を上乗せしてでもキャンセル可なプランにしています。おかげで、これまでにも何度も変更やキャンセルができて助かりました。

5つのポイント

1

【 航空券は公式サイトで予約 】

私も数年前までは、航空券の比較サイトで安いチケットを探して、国も規模もわからない旅行会社で手配していました。が、旅行会社が倒産する可能性もゼロではないし、英語も通じないかもしれない会社とやりとりするならば、公式サイトで手配するほうが安心と考えるように。比較サイトでいつ頃が割安かをざっくり把握して、公式サイトで手配という流れになっています。それでも数か月前に日程を確定することにプレッシャーを感じるので、最近はさらに割高でも直前手配に。

2

【 宿泊はキャンセル可で 】

ホテル予約はひとつのサイトで手配して、ポイントを貯めたり割引率を上げています。予約時にキャンセル可と不可のプランがあるので、キャンセル可を。また長期滞在するときも、最初の数日とそれ以降に分けて予約し、外れだったら宿を変えます。

3

【 海外旅行保険に入る 】

持ち物の盗難や、体調が悪くて病院へ行きたいなど、もしものときに自分で対応するのは困難。クレジットカードに付帯されていることもありますが、海外旅行保険には入っておきます。症状の英語リストと、日本語が通じる病院名も事前調査を。

4

【 パスポートはコピーを取っておく 】

幸いなことに、私は慎重派だからか大きなトラブルに遭遇したことはありませんが、この先もないとは言いきれない。だから、パスポートのコピーを持っていくなど、基本はしっかり押さえます。どれだけ旅を重ねても、油断は禁物。安全に帰ってくることが一番です。

5

【 災害や疾病を想定する 】

旅行前に外務省のサイト「海外安全ホームページ」で流行っている病気や起こりうる災害、トラブル例などを下調べ。また季節によって想定される自然災害や、予防接種の要不要などもざっと調べて。渡航中は外務省の「たびレジ」に登録して情報を入手。

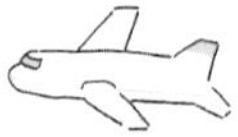

海外旅行のTIPS

【 トランジットで二都市旅 】

時間に余裕のある方には直行便を使わない二都市旅がおすすめ。行きか帰りに台湾や香港、ベトナムに寄ることが多いです。直行便とほぼ同じ金額で、ごはんを食べるために立ち寄っても。

【 特別機内食を予約 】

普通の機内食で胃もたれして、特別機内食を事前に予約するように。アレルギーや宗教に対応したものや低カロリー、低糖質食も。私は卵、乳製品を含むベジタリアン（VLML)が定番。

【 個室かドミトリーか 】

割安に泊まるにはコロナ前は長期旅でドミトリーも利用していましたが、今は個室が安心できる。長期滞在では、キッチンや水まわりだけ共有するシングルルームにも泊まったりしています。

【 ホテルの選び方 】

短い旅は高くても利便性を優先して便利な場所に。長期旅では環境を重視。どちらも星の数と評価と値段で判断。また、建物に飲食店があるホテルや窓のない部屋は、火災が怖いので×。

【 行動する時間帯 】

旅の間は完全朝型。一人で散歩するのも、夜より朝のほうが断然リスクが少ないです。夜は早めにベッドに入り、毎朝早起き。時間を有意義に使えて、充実した旅になるでしょう。

【 旅アプリをトップページに 】

旅行中、スマホのトップページに旅フォルダを作って、そこに旅関連のアプリを集約しています。使用頻度の高いものは前面に出しておく。ほんのひと手間ですが確実に違いが。

【 交通遅延について 】

日本は時間通りに電車などが運行していますが、海外ではそうでない場合も。移動時は時間に余裕をもってスケジュールを組み、できれば深夜に外にいないようにしたいものです。

【 エリアについて 】

一本入ったら、急にまわりの雰囲気が変わった。肌で感じる治安の悪さ、ありますよね。ガイドブックに載っていなくても、自分の勘はだいたい正しい。危ないところには近づかないで。

【 現金について 】

クレジットカード（タッチ決済付きがベター）が使える国は、両替は１万円。現金が必要な国はまず３万円両替して、足りない分はATMでクレジットカードからキャッシングしています。

【 言語について 】

語学は苦手だけど、挨拶とお礼だけは現地の言葉を調べておく。たったそれだけでも、相手の表情がやわらかくなります。理解したいという姿勢が大切だと思うから。

【 貴重品は置いていく 】

ハイブランドのお財布は旅では使いません。運転免許証や保険証、銀行のキャッシュカードなど、紛失や盗難時に再発行が面倒なものも置いていきます。できる限りのリスク対策を。

【 帰国後に明細を確認 】

旅先での買い物やネット通販後に不正使用。私も何度か高額請求されました。カード会社が気づいて連絡をくれることもありますが、特に旅の後は、カードの明細を確認しましょう。

【 ショッピングでマイルを貯める 】

これは旅の間ではなく普段の話ですが、支払いの大部分を航空会社系のカード決済にして、マイルを貯めています。おかげで数年に一度、マイルを特典航空券に替えて、旅できています。

久しぶりのタイ

滞在中に二度行った、「クルアアロイアロイ」の絶品マッサマンカレー。

一人でじっくりすごして知らないタイを見つけました

家ごもりの数年間が明けた2022年秋冬、リハビリがてら恐る恐る飛んだ先がタイでした。

ドラマや本、音楽、SNSを通じて見てきたものを実際に感じたくて、二回の渡航で計一か月たっぷり滞在。一人で行くのは初めてだったので、有名な観光地からスタートして、お洒落なカフェからローカルに定評のある食堂、音楽フェスまで、夢中で歩きまわりました。

タイは大らかな雰囲気で、多様な人々を許容しています。人と関わって様々な価値観に触れて、世界の広さを再確認。旅のスタイルをあらためて構築するのもエキサイティングで、旅をアップデートできた感覚がありました。

Thailand 1

ワット・ポーでマッサージ

定番の観光地には魅力がいっぱい。バンコク最古の王宮寺院ワット・ポーは、涅槃仏とタイ古式マッサージが有名。さすがの腕の良さ。

Thailand 3

タイ最古の喫茶店

バンコクっ子が案内してくれた、タイ最古の「カフェ・ド・ノラシン」。旧王宮一角にある歴史的な建物でクラシカルな雰囲気です。

Thailand 2

公園のミズオオトカゲ

バンコクのど真ん中にある「ルンピニ公園」には、体長１ｍほどのミズオオトカゲが生息。散歩ついでに会いにいきました。

Thailand 4

現地のフェス

タイの音楽が好きで、バンコクで開催されたフェス「CAT EXPO」へ。ゆるっとハッピーなムードで夢のような二日間。毎年行きたい。

Thailand 5

古い文房具屋さん

名門小学校の前にある古い文房具屋さんにて、かわいい柄のノートやシールなどをお買い上げ。

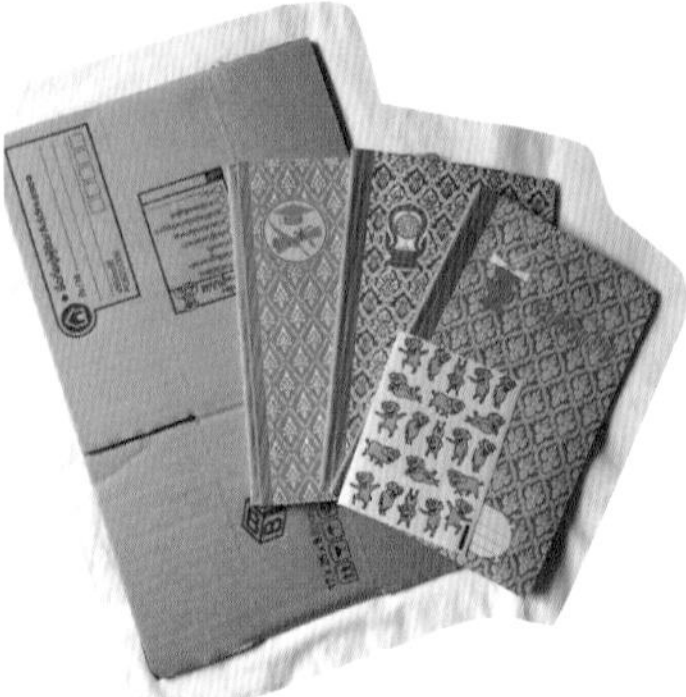

Thailand 6

水上バスで移動

旅では、あらゆる種類の乗り物に乗りたい。水上バスで風をきって移動し、ワット・ポーを眺めながら、ルーフトップカフェで夕食を。

Thailand 7

「クイジャップナイエーク」

中華街“ヤワラート”で食べた激うま麺。くるっと丸まった麺、クイジャップは初めて。タイ料理以外も精力的に食べ歩きました。

カメラとスマホのバッテリーは、あるに越したことはない。スマホのバッテリーは普段より容量の大きいものか、複数持ちで。

双眼鏡は家族から借りていますが、よく使うなら会場の規模に合わせた倍率の防振タイプを。レンタルするのも大いにあり。

体力勝負。スニーカーにリュックか大きめトートで

推し活の遠征は、沼や会場によっても持ち物が変わりますよね。私の場合は撮影OKなので、予備バッテリーが必需品。動画を撮ると減りが早まりますし、またバッグの中でいつの間にか電源が入ったり、暑い日や寒い日にすぐ消耗した経験から、いつも2～3個は持参します。そしてデータを一刻も早くクラウドに移したいので、Wi-Fiの強いホテルに泊まり、ノートPC持参でデータ整理をしています。

段ボールやクリアファイルや筒は、買ったグッズやもらったポスターを折らずに持ち帰るためのもの。筒には輪ゴムを数本つけておいて、輪ゴムでポスターを巻いてから筒に入れます。雨の日は、さらに傘用のビニール袋があると完璧。そのほか、双眼鏡や小さな折りたたみ椅子、小さな踏み台、人ごみの中からにょきっと伸ばせる自撮り棒などを持っていくこともあります。

Part 5

旅のあとの楽しみ

FUN 1

お土産写真を撮る

思い出を並べて写真に収める

旅から帰ってきて荷ほどきして、すぐにやること、それはお土産の大撮影会です。ずらっと並べて撮ると、一つひとつでは気づかなかった、その旅のテーマや気分が見えてきます。

使うものや食べものなど、私はあらゆるものを旅先で買ってきます。ずっと記憶にとどめておくのは難しいから、代わりに、写真で記録しているのでしょう。

同じ場所を訪れた際にリピートしたり、果物や食品は取り寄せたりもします。そして日用品や道具類は、生活の中で積極的に使っていく。使うたびに、その旅を反芻できるからです。

このようにして、旅と日常がひとつになっていくのが、とても嬉しい。旅を通じて、毎日が豊かになっている実感があります。

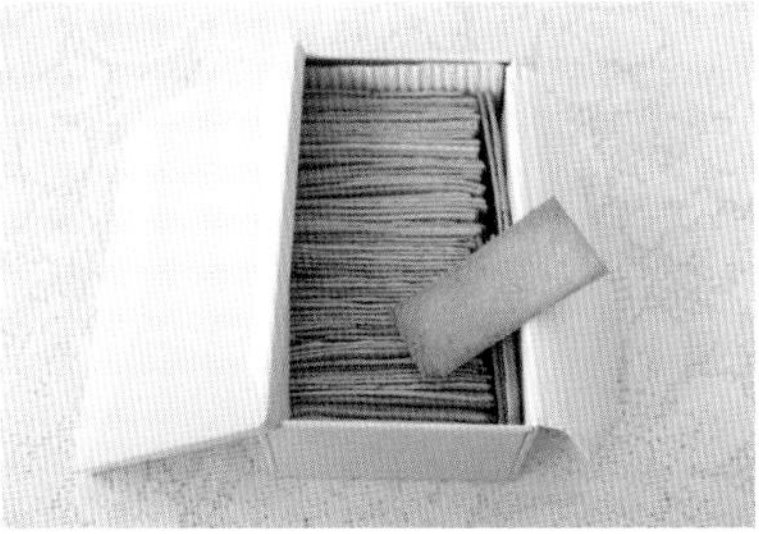

青森県弘前《ひろさき》市で390年間営業している「大阪屋」。とことんミニマムな見た目の〈竹流し〉は、小麦粉と砂糖蜜、そば粉でできたお菓子。ぱりっぱりな食感とシンプルなのに奥深い味わいが病みつきに。

季節限定品は旅の目的になりうる。和菓子レベルがすこぶる高い名古屋においてトップクラスの「川口屋」。車旅では高速道路を降りてでも立ち寄ります。端午の節句の五色粽も、大事に持ち帰りました。

京都ではお茶と和菓子と食材の買い出しを。「柳櫻《りゅうおう》園茶舗《えんちゃほ》」の本店で、土曜日のみ発売の「手炒り焙煎焙じ茶」は香ばしい香りと、奥行きのあるうまみ。現在ふるさと納税の返礼品にもなっています。

長野のご当地スーパー「ツルヤ」は、質のいいオリジナル商品が魅力。ジャムとヨーグルト、おやきは必ず買います。おやきは毎回10個くらいを冷凍保存。お昼ごはんや軽食に重宝します。

学生時代からの友人が営む屋久島「一湊《いっそう》珈琲焙煎所」の珈琲が好みで、友人知人にお願いして買ってきてもらったり、もちろん取り寄せもします。屋久島にまた公衆浴場巡りをしに行きたい。

横須賀「嘉山《かやま》農園」でいちご狩りをしてあまりの美味しさに驚き、次から箱買いしに行っています。いつも多めに買って実家などへもおすそ分け。有機質肥料を使用した土耕栽培が、美味しさの理由。

うつわを求めてウズベキスタン・フェルガナ地方へ。工房へ出向いてうつわを厳選。ウズベキスタンは、うつわ・織物・刺繍・アンティークなど、手工芸品の宝庫でした。なんとしてもまた訪れたい地です。

冬も常夏のタイで出合った、ご当地感がたまらないクリスマスオーナメント。バンコク「Fatima Handicrafts Shop」はベビーアイテムを取り扱うお店で、売り上げはスラム街の住人の支援にあてられます。

奈良の一刀彫など、毎年お正月に玄関に飾る干支の置物を旅土産で揃えたくて、寺院の授与品や郷土玩具、雑貨類からのんびり探しています。欠けている動物は、だるまや招き猫で代用して。

お洒落なマレーシアのブランド「Home Too Much」。トートやTシャツ、アクリルキーホルダーなどを展開しています。KLに行くたびにショップを訪れて、いつもトートなどを複数購入。

韓国のスッカラ。私のお土産の基準は“使える日用品”。生活する上で欠けているピースをひとつずつ埋めていくように、もの選びをしています。生活にすっと馴染むものならば、持て余すこともありません。

ずっと欲しかった広島「宮島工芸製作所」の木べらに「熊本県伝統工芸館」の展示で遭遇。にんまりと連れ帰りました。調理ベラはカーブが鍋に沿い、すこぶる使いやすい道具です。

買って満足なお土産の選びかた

選びかた1

収集に最適なマグネット

マグネットは小さく軽く壊れないので、お土産向き。訪れた場所でひとつずつ買い集めています。観光地らしいベタさもむしろ良い。冷蔵庫の側面に貼っています。

選びかた2

直感を信じる

ラオスから執念で持ち帰ったカゴは横幅65cm。これを逃したら一生後悔すると、後のことは考えず購入しました。お風呂で洗って、陰干ししてから使っています。

選びかた3

あげても喜ばれる小さな布小物

ラオス・ルアンパバーンのマーケットで、鼻息荒く買い求めたモン族の刺繍ポーチ。いつも自分の分は少数厳選しすぎるけど、だからより大切にするのかもしれません。

FUN 2 旅土産を日常に

ここに置いてある８割以上が旅で手に入れたもの。

使うほどに旅を思う 愛すべき暮らしの道具たち

旅は一期一会。窯元や工房、市場やお店で惹かれるものを見つけたら、迷わず手に取っています。

小学生のときにヨーロッパ旅行で買ってもらったブレスレットは今も現役ですし、フランスや北欧の蚤の市で掘り出したお皿やカゴ、台湾や香港の茶筒や茶器、国内のライフスタイルショップで手に入れたグラスも、全てわが家の一軍として、日々働いてくれています。

旅先でものを手に取る基準は、「今すぐ使える日用品」。用途があるものは今日からすぐに使えて、しかも長くつき合うことができます。そして、例外であるオブジェ類は、その旅を象徴するものをひとつだけと決めています。

FUN 3 旅はがきを送る

ウズベキスタンの料理とラオスの寺院での写真を。

旅のワンシーンをはがきにして

コンビニのコピー機は、写真をプリントするだけでなく、写真入りのポストカードやシールの印刷もできるので、かなり便利に使っています。

写真データをスマートフォンからコピー機へ送信して、ポストカード印刷を選択。心震えたワンシーンを、大切な人や自分にはがきで送れます。

国内を旅行中に送ったり、海外旅行から帰国したあとに、じっくり写真を選んで作っても、素敵な旅の記念にもなりますね。

旅の間は、なぜだか素直な気持ちを言葉にしやすくなる。いつも近くにいる人や、かけがえのない人へ、ちょっと照れくさいけど、心をこめて手紙を書いてみてはいかがでしょう。

FUN 4 旅のあとの旅ノート

一回の旅につき、A5ノートを一冊。短期旅なら何回分かまとめても。

ノートで旅をふりかえる

旅から戻ったら、旅ノートにどっさり挟み込まれているパンフレット類やショップカードなどを、旅ノートに貼る。

旅先のカフェやホテルの部屋で、時間を見つけてせっせと旅ノートを書いても全部は書ききれないから、あとから情報を整理しています。

ショップカードは、訪れた日のページか、後ろの余白ページに貼っておく。そして、コンビニで旅の写真をインデックスシール印刷して、ちょきちょき切り取り、ノートにぺたぺたと貼っていくのが、至福の時間なのです。

あとは、一言メモや旅の感想、次に訪れたときに行きたいところ・やりたいことなどを書き入れて。旅ノートで旅のおさらいと、締めくくりをしています。

まとめかた1

写真をシールにして貼る

コンビニのインデックスプリントはLサイズに20コマ、2Lサイズに40コマ印刷できる。シール紙を選べばミニサイズのシールに。旅ノートに惜しみなく貼れます。

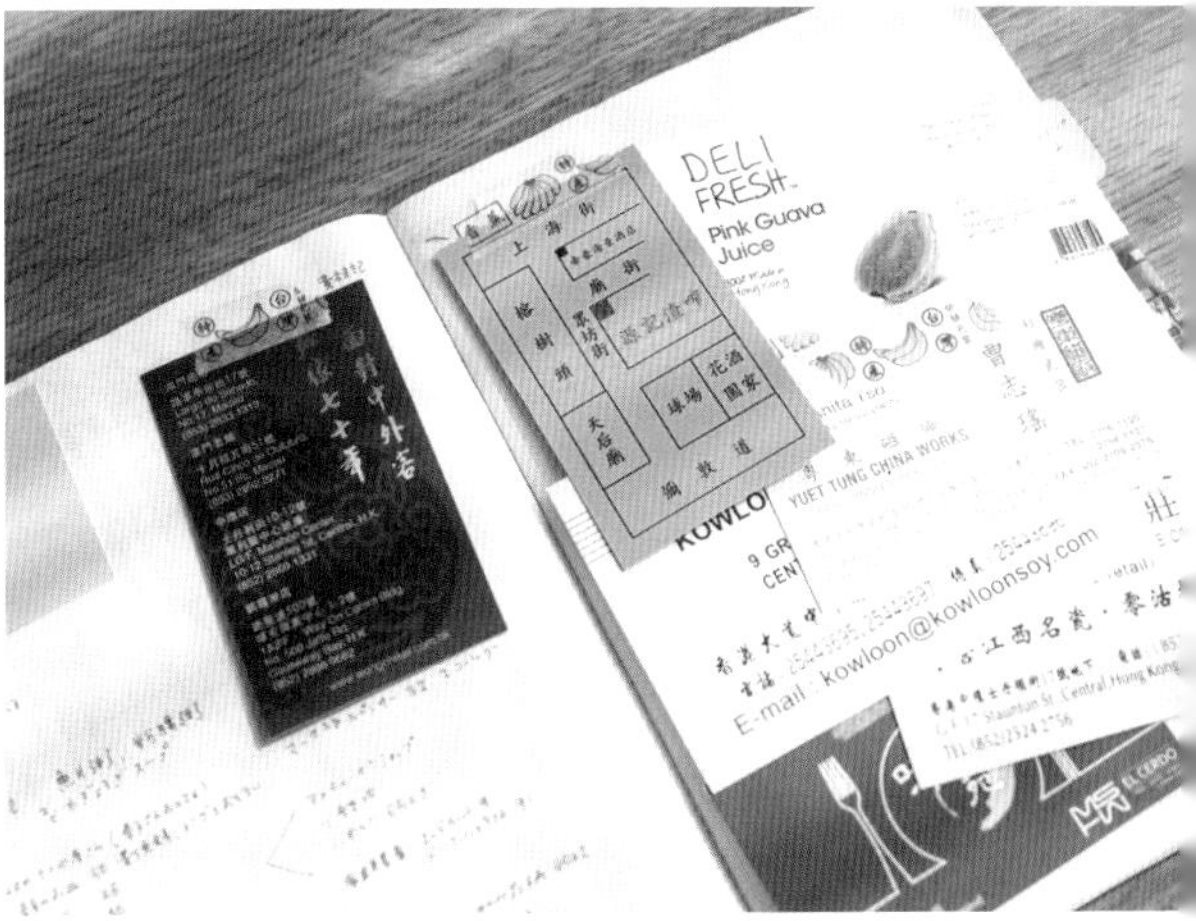

まとめかた2

ショップカードを貼る

記憶ほど、当てにならないものはない。一冊のノートに足取りや情報をまとめておけば、あの時のあの店にたどり着ける。メニューや価格表なども添えるとより◎。

まとめかた3

チケットや紙ものを整理

チケットや地図などの紙もの類はノートの後ろに貼ってもいいし、旅ごとや街ごとにファイリングしても。その際、ざっと目を通して必要なものだけを残します。

FUN 5 旅のあとのルーティン

写真データの整理は、アルバムに入れるだけ。

記憶に勝る情報管理法

旅のあとの最重要項目は、写真の整理。カメラとスマホで写真を撮りまくるので、毎回膨大な量になります。

管理方法はというと、まずはクラウドに写真をアップロードして、アルバムを作ります。タイトルに「2023_08_okinawa」などと大まかな日付と行き先を入れておくとあとからの検索性が上がります。忙しい方は最低限これだけやっておけば大丈夫。

そして旅の間に上げていた、インスタグラムのストーリーの、リールまとめ動画を自動で作成しています。

これらはどれも、記憶に頼らずに後から情報を引き出せるようにするためのもの。あのときの写真が見たい、行った店名を友達に教えたい、仕事の調べものに……などという場面でとても役立っています。

ルーティン1

風景印を整理する

その土地にちなんだ絵柄の風景印（消印）を用意している郵便局が全国に一万か所以上あります。その場ではがきを購入したり、手紙を出す際にお願いしても。

ルーティン2

まとめ動画をつくる

旅の間はInstagramのストーリーを上げています。旅のあとでそれらをフォルダに保存したり、まとめた動画を自動で作成して、リールにUPしています。

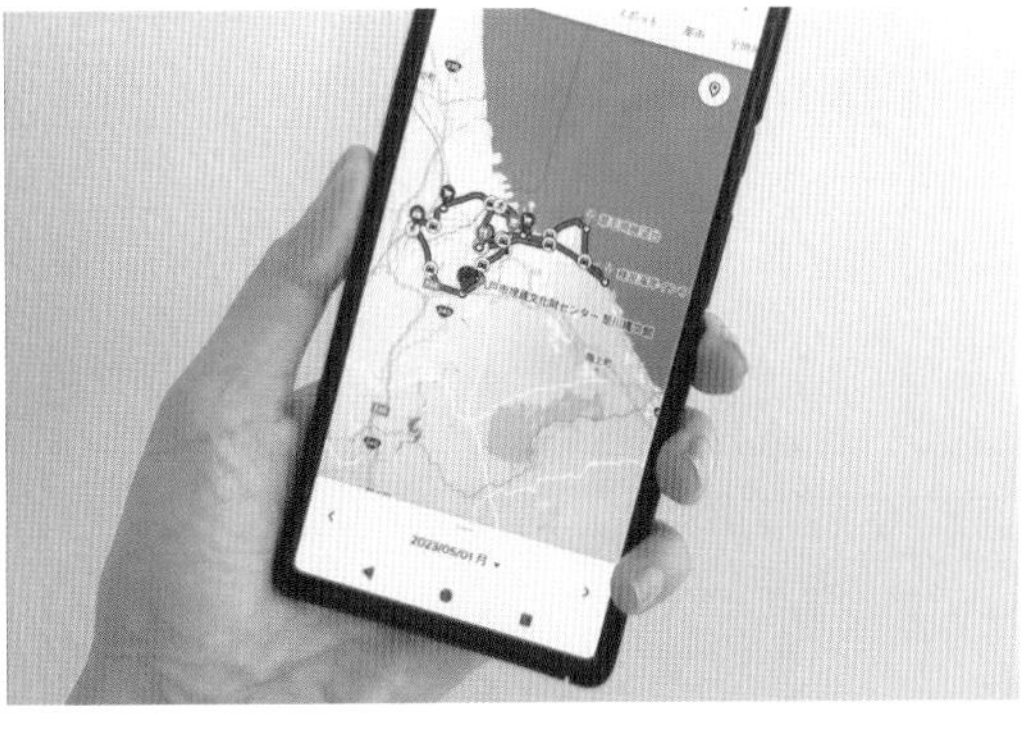

ルーティン3

行動のログを見直す

Googleマップのタイムライン機能をオンにすると、行動のログが自動で取れます。旅ノートの代わりに利用している人も。旅のあとに地図で道すじを辿っては。

おわりに

7年ぶりの旅の本、最後まで読んでくださってありがとうございました。

パンデミック中の3年間に、安全に旅できることがどれだけ幸運かを知りました。

そして今、ふたたび世界を旅できるようになって3回目の旅に出ようとしています。

私は家にいるのが大好きで、本来はそこまで行動的なタイプではありません。でも、旅でだけは積極的に計画を立てたり、見知らぬ人と話をしたり、身体いっぱいに感動を受けとめたりと、「こうありたい」と思える自分に近づける。旅をしている自分が好きだと思えるから、これだけ旅に惹かれるのでしょう。

そして、ゆったりした旅にシフトしたら、人との出会いも増えました。ふとした遭逢が、長い縁につながるようになったのも嬉しいことの一つです。話をしたり、食事をしたり。これからの人生に長くかかわる縁を大切にしていきたい。それは人だけでなく、土地やテーマなども同様です。

この本が、みなさまの旅のお役に立てたら、これほど嬉しいことはありません。

これからの旅がすべてうまくいきますよう、心から願っています。

空港で、バンコクへ発つ飛行機を待ちながら。

柳沢小実

FRAGILE
HANDLE WITH CARE
Förköpsremsa
160 kr
1 zone

旅の持ち物チェックリスト

基本の旅の持ち物をまとめてみました。
お出かけの際に、参考にしていただければ、
うれしいです。

【 基本の持ち物 】

- □洋服
- □下着
- □バッグ
- □靴
- □帽子
- □アクセサリー
- □着圧ソックス
- □歯磨きセット
- □スキンケア用品
- □ヘア・メイク用品
- □メガネ、コンタクト
- □エコバッグ
- □旅ノート
- □ペン
- □ハンカチ
- □アルコール、ウエットティッシュ
- □ティッシュ
- □マスク
- □傘、日傘
- □水筒
- □薬（胃薬、頭痛薬、常備薬）、ばんそうこう
- □充電器
- □カメラ

【 車旅＋αの持ち物 】

- □温泉セット、スパバッグ
- □おやつ
- □タンブラー
- □保冷グッズ

【 海外旅＋α 】

- □パスポート
- □クレジットカード２～３枚
- □SIMカード入れ替え用ピン
- □ポーチ財布
- □変圧プラグ
- □サンダル、スリッパ
- □洗剤
- □圧縮袋、マジックテープつきゴムバンド
- □バッグホルダー
- □保管用財布ポーチ
- □スキミング防止カード
- □ワイヤーキー類

【 ＋α 】

- □梱包材
- □マスキングテープ

【 ゆったり旅の持ち物 】

- □防水スピーカー
- □お茶セット
- □カトラリー

2010年以降の旅リスト

2010年以降のわたしの旅記録をまとめてみました。
2020年〜はしばらく国内中心でしたが
去年秋から再び海外へも。
いま行きたい国はトルコです。

2010
- 冬　3日間　台湾

2011
- 冬　3日間　台湾

2012
- 春　5日間　台湾
- 冬　4日間　台湾

2013
- 夏　9日間　ライジングサンロックフェスティバル（北海道）＋礼文島・利尻島

2014
- 夏　10日間　18きっぷ東北一周＋ライジングサンロックフェスティバル

2015
- 冬　7日間　台湾
- 春　7日間　台湾
- 春　14日間　台湾
- 夏　4日間　台湾
- 夏　7日間　台北
- 冬　13日間　台北・ハノイ・フエ・ホイアン・ダナン

2016
- 春　23日間　台北・台南
- 春　5日間　奈良
- 初夏　22日間　台湾
- 夏　6日間　台北・高雄
- 夏　12日間　台湾
- 夏　18日間　台湾
- 秋　3日間　大阪・神戸
- 冬　5日間　台北・大阪
- 冬　9日間　香港・台北・台中

2017
- 冬　5日間　香港
- 春　7日間　高雄・台北
- 冬　8日間　台北・マカオ・台南

2018
- 春　9日間　香港・KL
- 春　2日間　神戸・大阪
- 春　2日間　熱海
- 春　5日間　台北・台中
- 夏　5日間　台北
- 夏　6日間　KL・イポー
- 秋　2日間　弘前
- 冬　11日間　台北・台南
- 冬　4日間　台北

2019
- 冬　8日間　台北
- 春　6日間　ホーチミン・香港
- 夏　9日間　ホーチミン・KL
- 夏　2日間　富山
- 夏　10日間　ウズベキスタン
- 秋　2日間　仙台
- 冬　7日間　ホーチミン・KL
- 冬　4日間　ソウル

2020
- 春　2日間　上高地・松本
- 夏　2日間　長野
- 秋　3日間　奥飛騨・松本
- 秋　2日間　新潟（稲刈り）
- 冬　2日間　群馬
- 冬　5日間　京都

2021
- 冬　2日間　箱根
- 春　1日間　浅間山
- 夏　2日間　四尾連湖
- 秋　4日間　新潟（稲刈り）
- 秋　8日間　大阪・京都
- 冬　7日間　姫路・直島・高松・大阪

2022
- 冬　1日間　三浦
- 春　2日間　静岡
- 春　7日間　琵琶湖・京都・大阪
- 夏　2日間　新潟
- 夏　15日間　九州（上半分）
- 夏　2日間　横浜
- 秋　3日間　新潟（稲刈り）
- 秋　7日間　福岡
- 秋　3日間　箱根
- 秋　17日間　バンコク
- 冬　32日間　バンコク・ラオス

2023
- 冬　2日間　福岡
- 春　6日間　八戸・盛岡・仙台
- 春　2日間　箱根
- 春　2日間　新潟
- 夏　21日間　バンコク
- 夏　2日間　香港

STAFF

ブックデザイン　三上祥子（Vaa）
写真　清水奈緒、著者
イラスト　大塚文香
校正　メイ

柳沢小実《やなぎさわ このみ》

エッセイスト。整理収納アドバイザー１級。1975年、東京都生まれ。日本大学芸術学部写真学科卒業。暮らしや旅にまつわる著書は30冊以上にも及び、フェリシモで商品開発なども手がける。近刊に『私らしい暮らしとお金の整え方』（主婦の友社）、『すっきり暮らすためのもの選びのコツ』（大和書房）などがある。

Instagram @tokyo_taipei

わたしのごほうび時間《じかん》
大人《おとな》のゆったり旅《たび》

2023年８月20日　第１刷発行

著　者　柳沢小実《やなぎさわこのみ》
発行者　佐藤　靖
発行所　大和《だいわ》書房
東京都文京区関口１-33-４
TEL 03-3203-4511
印刷　歩プロセス
製本　ナショナル製本

ISBN978-4-479-78589-7

＊掲載アイテムはすべて著者の私物です。
＊本文の内容は著者が旅をしたときのものです。

写真協力／養生館はるのひかり　https://harunohikari.com/